Song and Silence

Ali Khiabanian

"Baran"

Title: Song and Silence

Author: Ali Khiabanian

Publisher: Supreme Art, USA

ISBN: 978-1942912200

2016 © All Rights Reserved

for Ali Khiabanian

Although a severe silence prevails,

Many songs are waiting to be composed

Introduction

My father is a Muslim. He always tried to live liberally, read book, and wink at most things. He gets off his car and suddenly says: "A person was deliberately driven his truck into crowds celebrating a ceremony in Nice, France". I am stunned and my eyes are tearful. I wished to see Nice. I imagine a street which was full of joy, energy, and hope some minutes ago and now the people are running fearfully and stupendously, crying, and killed. I hold my tears and continue writing. Relying on rationality, I stop imagination and recounting my feelings. As a man fan of art, city, and culture of France although never been there, I want to leave a memorial for future generation through recording my thoughts.

People with different languages, races, beliefs, customs, occupations, and educations were killed in Nice because they were accused of holding a celebration, being happy and full of hope. The mentioned differences gathered together only for celebration and being happy. No one asked the other about his/her religion or, even, his/her motivation to be there. Pleasure and energy connects the people and makes it easy and, even, more beautiful to be together. Is there anything more lovely than smile, excite and emotion in the world? So why do some people- I emphasize "people"- know happy as a crime, a crime for which they should be killed? I do not know how the God and the religion emphasizing on human equality ignore such intellectual vacuum in its theoretical principles such that some people abuse of it and commit a crime. In history, human happiness and cheerfulness were repeatedly infringed and were criticized and threatened by different religions.

Why is it not possible to be a Muslim and live happily? Why is it not possible to respect others' happiness and not condemn the songs to be silent and the hopes and their effect on human goodness and felicity due to our inability to perceive them? Why the words of God emphasizing on His mercifulness and generosity in daylong prayers are misinterpreted to this extend?

It is the time when the 21st century man to release from any religious, political and philosophical deductions, thoughts, and beliefs; listen to song of nature, listen to God, to oneness, and unanimity; respect emotions, cheerfulness, and stimulation; lessen his rationality and logic and add his happiness; welcome others laugh, kiss, and twinkling without any interpretation; live the life entirely with the sole aim of beautifulness and happiness of the world; leave a world, family, and offspring full of song and hope. We should release from all "I know" and, with a free mind and a sensational soul, accept the life, existence, human, and nature as they are.

The world is not the field of competition. Our demarcation does not help to understand the life better. War and bombardment-in his first talk after catastrophe of Nice, the France president promised to intensify their attacks to Iraq and Russia- do not make better the human conditions. We should try our best to eliminate the words "hate" and "hatred" from dictionaries, we should lessen the gaps, be happier, and try to make others happy, calm and realize their wishes. We should respect the nature and protect the earth and its residences -from butterflies to children who may be an artist, scientist, good and promisor man in future- against damages of war and massacre.

The child who laughs in his/her mother's bosom in Nice and the child who runs in his/her worried mother's bosom from barrage have common wishes such as having a Pinocchio, a toy truck, and a water gun. We should learn to respect these wishes rather to bombard them and change them to hate.

We should use these wishes to make the people close to each other, to learn from each other, to understand each other, and to add beauty and goodness of the world. At now, there are more sad people all over the world, they cry, they are worry about future and, maybe, they are in debt of presence of God and competency of human to live this life. It is understandable but it is not acceptable to foster hate in our hearts. We should not forget these days and these events. We should love the survivors, we should song more than before, and we should wish more than before to have happy hearts.

We should sing, we should sign the best poems and songs to each other. We should not let the silence which is a sign of presence and growth of darkness, to surround the world. The silence is the beginning of gaps, beginning of fade, death, and nonexistence. The song, but, makes the reason of our presence in the world more meaningful. It is not necessary to be a philosopher, a believed man, or a scientist to understand reason of this life. Without being aware of reason of being, rotating, and birth, the world lives with an indescribable excitation. Ignoring cheerfulness, happiness, bravery and innovation, the human tries to perceive!!!!!!

This book is a set of worries and wishes I have for modern human. I am worry for wishes destroyed one after another and replaced by emotionless beliefs and reasons. Along with the people killed or injured in Nice, several wishes gone with the wind. Perhaps, most people will not be happy, song, and dance for a long time.

This book may help lasting of song, wish, and happiness of the passed away people and mitigate those who lost their beloved ones.

Baran

I remember the sky with hanging naked branches

Leafless and shade less

No bird and no song

Absolutely dry

And waiting forever

Through passing a passerby, blowing a wind, or a shake

To be moved slightly

To slightly get away and get close

To look at each other

A little hope

A Little emotion

And perhaps song

Under the alone sky, nobody laughed

No body fell in love

No body wished

Butterflies' birthday was forgotten

There was no prayer and no response to prayer

No sapling was planted

And no staring at the sky

All planted buildings

Went up

Getting away from earth and getting close to the sky

But in the end

Stare down

Then, they sat and lament for roots and threes buried under steel, groan, and cry

Seminar after seminar

Human pathology in nature

The sanctity of the land and the need for progress

Inadequacy of rain and why clouds are free

Lawlessness of growth and proliferation in nature

Instability of feeling and development of intellect

Being justified and forget all beings

And when their conscience was calm

Return to their routine life

Everything was repetitive

And passing of time was not felt

The story comes back to centuries ago

To fading of beliefs of a land which, someday, was a sign of God and creativity

To shame of people who lose their wishes against their greed

The people who solved their problems with happiness and intuition

Tried to find answers to their questions

And preferred dominance on nature to reign over them (Ali Shariati, Motiveless Man)

And selected wisdom as their God

When the land became free of feeling

Dark clouds of knowledge and dreadful tornados of philosophy and intellection

Entered our land

There was no resistance

Silence was governed

It was protected

It was said that new thoughts and phenomena should be respected

Production should be respected instead of monotheism

Intellect instead of inspiration

Pleasure instead of perfection

Just instead of love

Achievement instead of presence

...

Instead of twinkle of stars, the persons who ask about its reason should be respected

Thus, they replaced what they reserved within years with modern findings in a short time and destroyed them

They began to analyze,

To search,

To interfere and modify the nature

Wider and wiser than before, they destroyed the past

And developed future

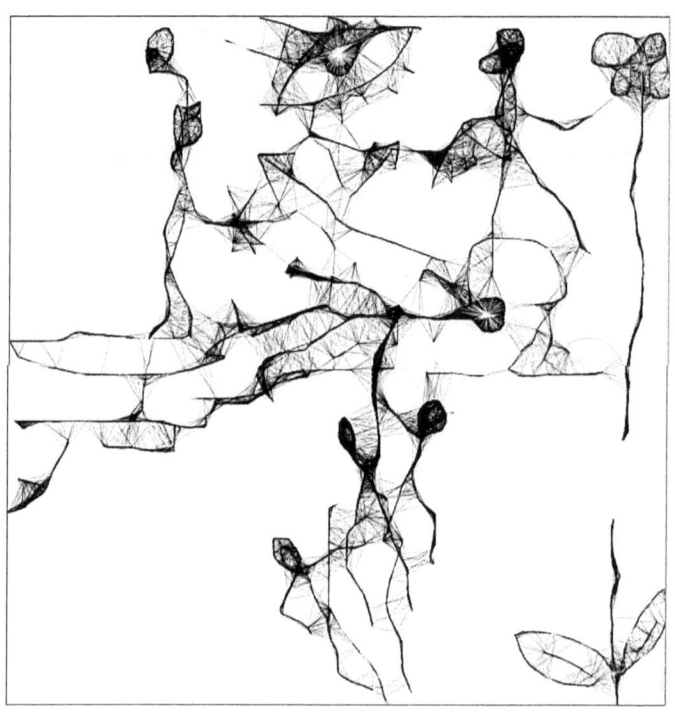

For the first time in history,

People complained from slow passing of time

They wanted to quickly reach future

To pass it

To enslave the time

To force the earth to rotate quickly

The sun rose several times round the clock

And sometimes did not even set for days

They changed the place of sun and moon

The meteorites passed by turn and on schedule

And glimmer of stars was limited to number of viewers

However, they were not sufficient

To suppress human greed under the pretext of science, progress, and reasons of being and life

Upon majority, the sun was divided into four pieces

Hanged in four sides of the sky

The just was absolutely observed

The most dim piece was allocated to our land (of course, considering the positive votes)

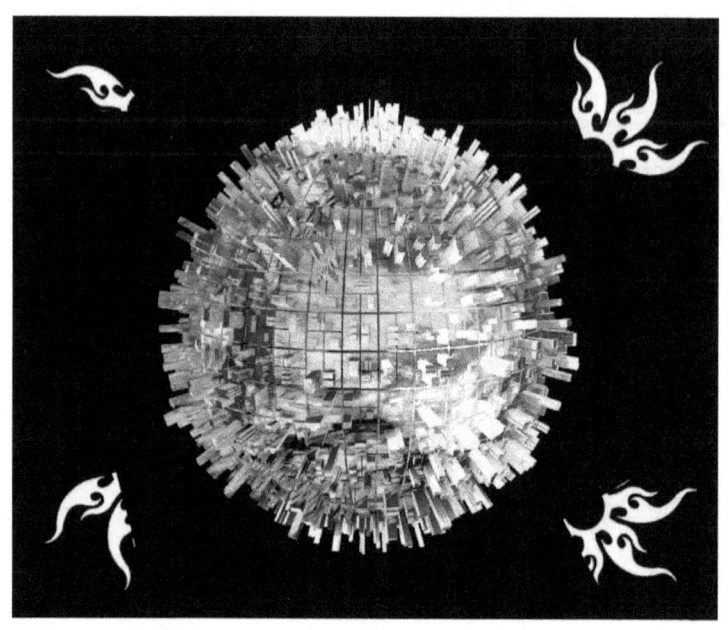

We were left with a recollection of caress of breeze and song of branches

The desire to see sun glitter from amidst of leaves

And shining of sky in dew of petals

And so many other things

No longer are remembered

At the end, they took "opulent song" star, too

Song was extinguished and flight was forgotten

However, there was not any more complaint

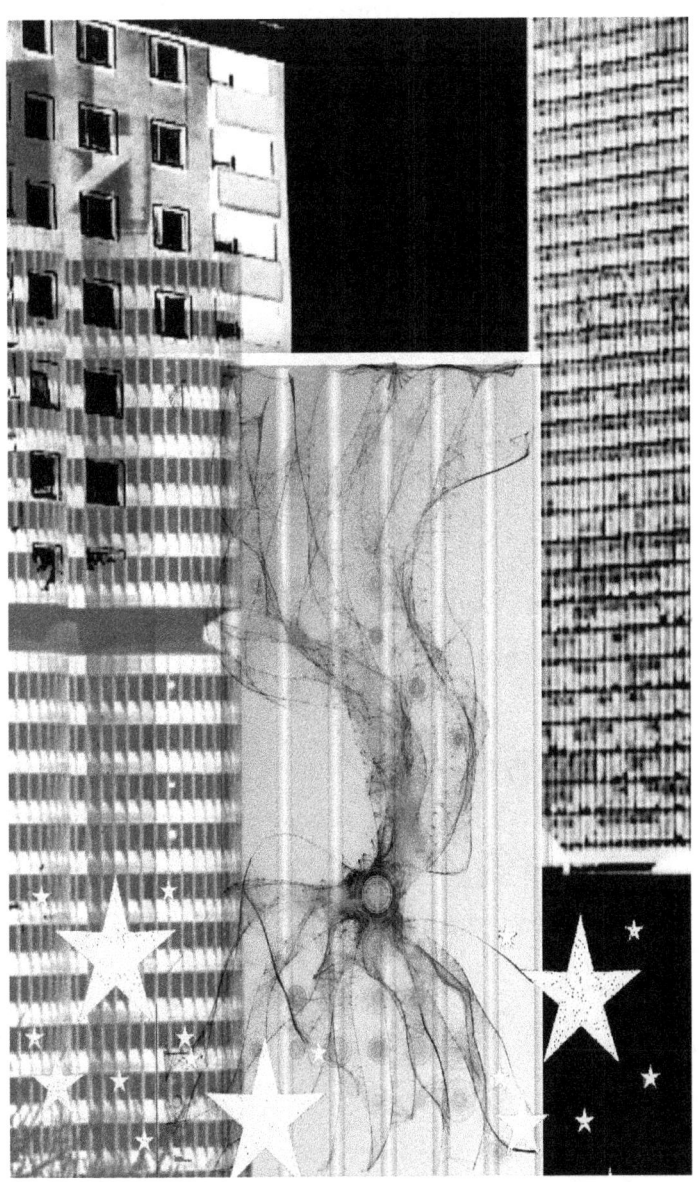

(Opulent song star in the prison between the towers)

They made our emotions barren

And developed voluptousity unlimitedly

Upon order of science

Upon respect to mind

All justified

We did not say anything to sky

No prayer that we lied

Betrayed and stared at earth

Such that the rest stars of song land are stolen

> **The sky was left with a testimony to thousands of human crime**

> We, all, decided to forget
> We were ashamed of sky and worn out of our ignorance

We evacuated the earth from any flower, tree, and anything is formed toward the sky

We cut off the roots and hanged the tress from sky upside down

No to see us

We constructed buildings of stone and iron

Higher and higher

Not to see the sky

No bird dares to fly

And nobody lest to hear their song

Till the memory of our fear and stupidity is forgotten

There was not any day and night

Nobody dared to sleep

All sleeps were controlled

Only, "opulent song" star was sometimes permitted to tell a story to lessen human confusion and unrest

However, the story with no sky

With no star, twinkle, and lullaby

With no caress and amidst stone and darkness

Makes the wounds more deeper and the dreams more restless

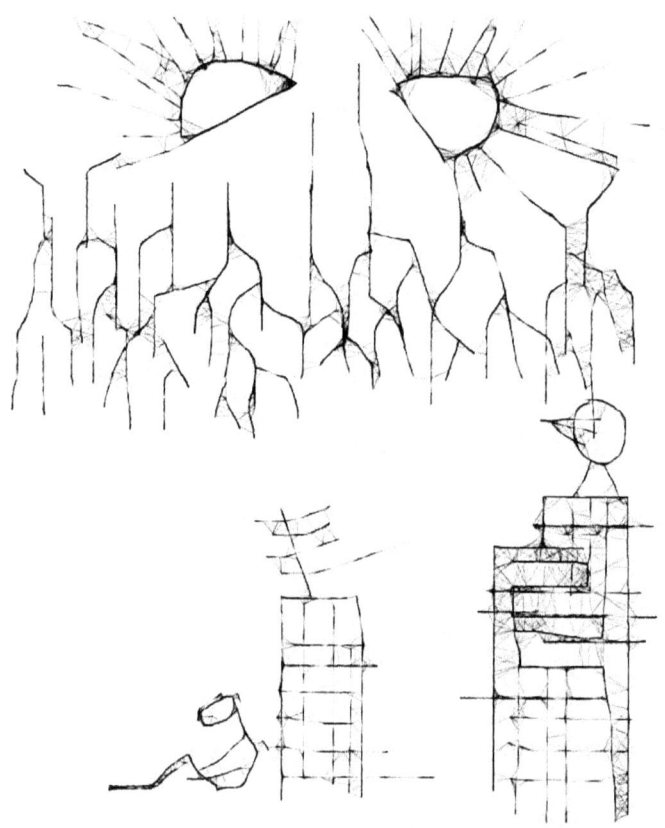

But, there were people

Still believed in dream and wish

And look at up

And prayed for freedom of "opulent song" star

- Ever remember, there are moments in the life where some events may not be prevented no matter how do you try -

Upon negligence of intellect and iron

Upon human perplexity in reflection of glasses

There was created an opportunity and the "opulent song" star sighed

Then, the only butterfly of the city was born

It flied and opened its wings as much as possible

In a simple and beautiful way which was accustomed one day

The breeze was born

It wandered among cold and memento-less walls and looked for birds

It looked for nest, tree, shade, and blossom

And found a cold reflection

But, it knew the way

It was born of freedom

It knew that the branches are waiting

It delivered the message of star to the sky

The cut and dried branches became restless

They remembered

They budded

From amidst of branches

To cordiality of earth and passion to rebirth

Faded letters

Were poured down whispering

Carefully, they passed from heavy look of buildings

They changed their color and arranged beside each other

The odor of words, sentences, and poems filled all over of the land of silence

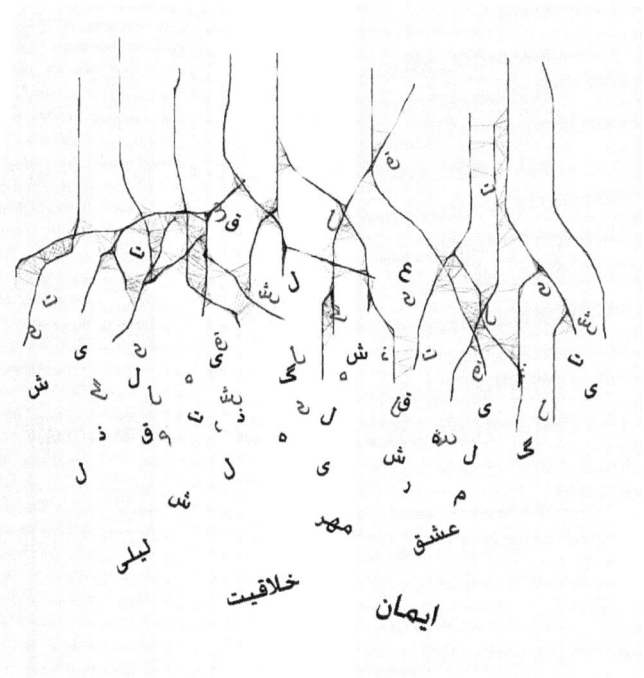

(Love, Creativity, Faith, Justice, Equality & ...)

Being excited, some opened the windows
Remembered flight
Jumped out
Picked the branches and brought them down

The beliefs renewed
And when the minds reposed and the hearts became restless
The "opulent song" star released itself

In coming pages, there will be the story of people whose song changed to silence

Life story of two groups, one group jumped out of window and another group hates windows

One group locks windows and another group opens a new path toward reality

One group excommunicates birds and another group compose poem for flight

One group wants to be free and another group just mimics freedom

A challenge between two kinds of life and worldview

Perhaps, there will be a day when I think differently, I write a story of coexistence, empathy and impartiality rather than contrast and contradiction, a day when there is not any separation between no one and no thing

We are living with people who want to strect their hand and catch the moon

Explain it

Increase and decrease it

Displace it

And finally, file it in museum of history of astronomy

We have to buy tickets

Queue

Pass from long corridors to see the moon

- If the moon goes, we will forget brightness of our dreams-

However, there are people who know that

If in dark nights

We pray for passing of meteorites and glimmer of stars

And our prayers are responded

In hug of the "opulent song" star, the sun

Will give birth to a new moon and the life will continue

However, there will be a group willing to climb rainbow!

We are living with people

Who go beyond thought?

Are matched with flight and song of the birds

Nest on top of the sky

And invite the rainbow to moon party every night

Accompany the off stars from there

And are born

In another sky and, perhaps, in eyes of mine, Leili, and others

We are living with people

Who from beyond of everything

Understand meaning of life peacefully and beautifully

Teach the butterfly of the story that

Freedom is the key of presence

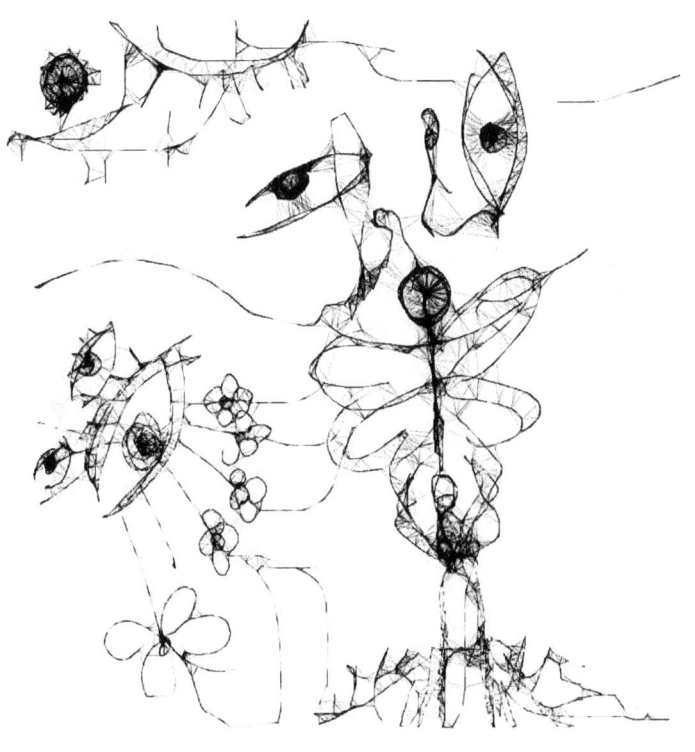

Why some people are at the top?

Why some people are at the bottom?

They try to bring them down

Why they do not go up?

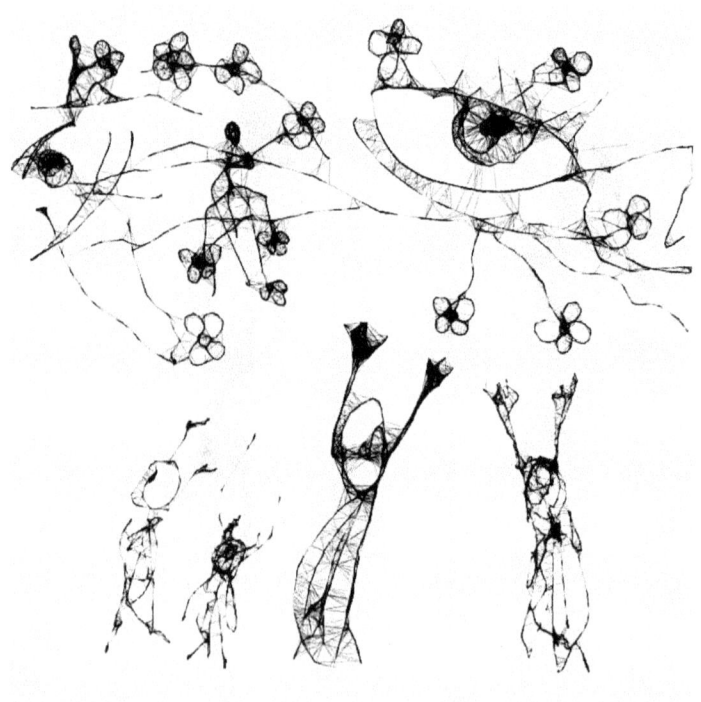

Some people live the life upside down

Some people fly the life path

Some people pass the sky and earth from a specified and usual path

And some people draw flight, passing, and human path

To go up and grow

It is not required to catch butterflies

It may sign together with genesis and beauty of flowers

And take care of
butterflies

Fishes wish to go on board of the ship

The captain throws the fishing net

However, it does not reach bottom of the sea

One fish jumps up and hangs from the fishing net

Others watch it

They believe that they cannot do so

They fear

Not to reach the fishing net and fall down!

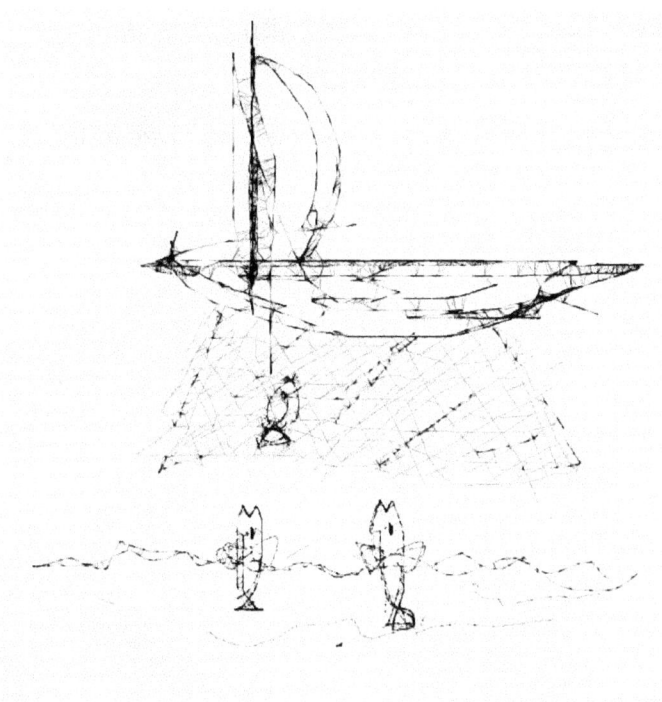

The ship moves far away from the sea surface

When it reaches the moon, the fish opens its wings and jumps out

Ceiling of the sky is near, it smiles and dives to the water while it flies

Maybe, this is life:

Flying and jumping

What's the sin of butterflies sacrificing their heart for assurance of sun?

Why human is worry of hearts restlessness?

Why they condemn love?

Why they fear from persons loving others?

They fear perhaps they request something from them!

They fear to donate something!

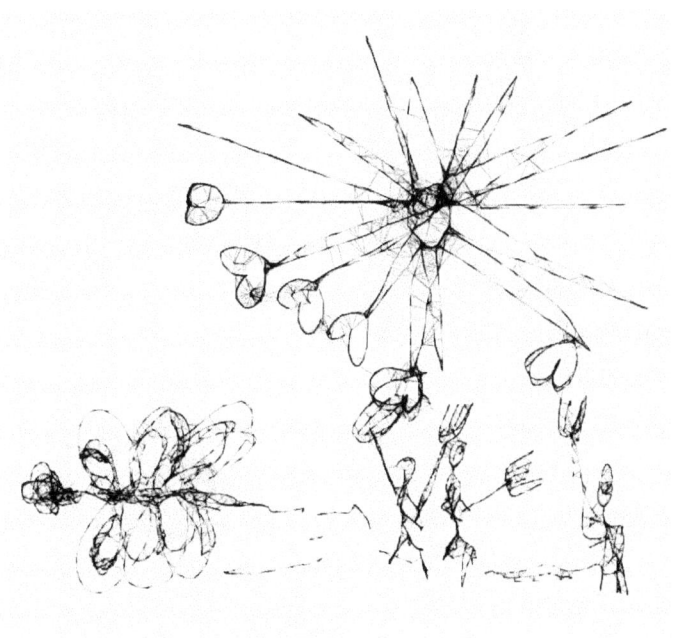

The world changes its face all the time

To make our yesterday different from today

To provide conditions to experience pleasant moments of life

However, most people are involved in themselves

And ask about extremity of life

There will be a day when science will roof the sun

And divide its light

But, justly

As it, rather than human, discerns

Hey, vigilant man

where are you!

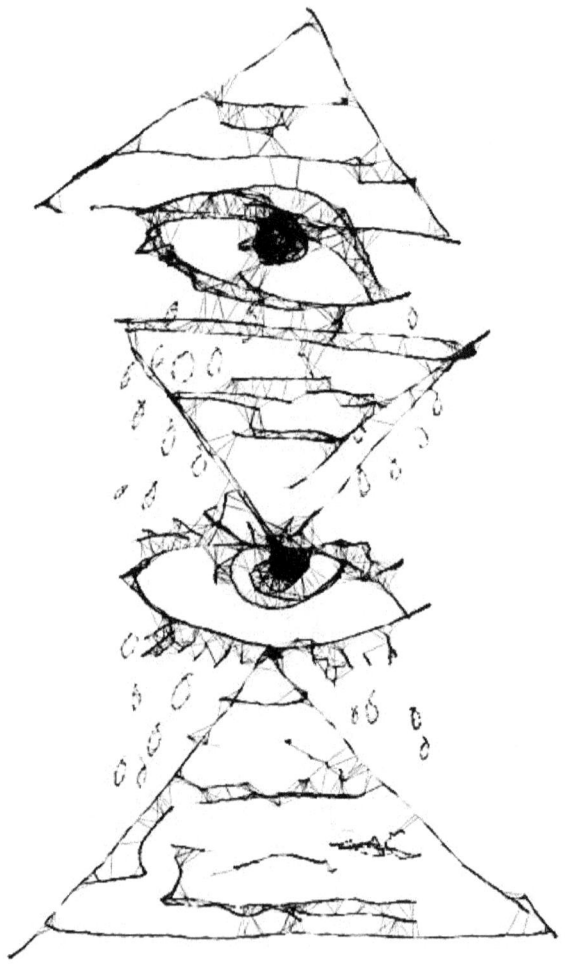

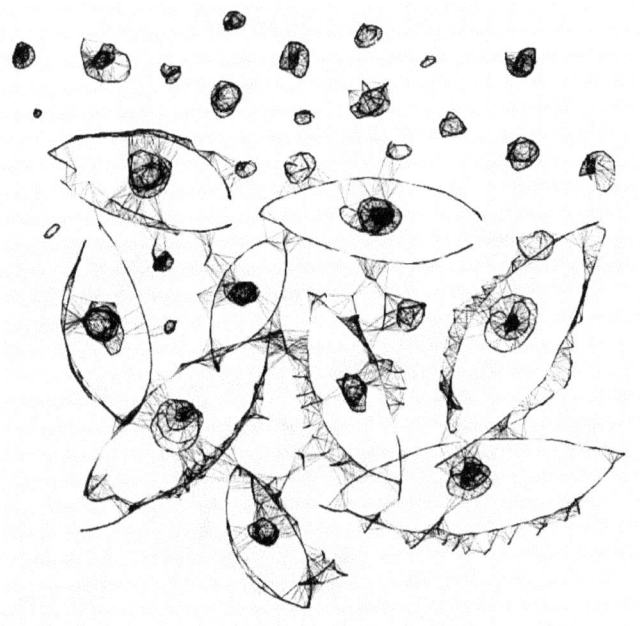

Stoning of truth, knowledge, and wisdom

With a stone of ignorance as old as the history

Among fists which will be opened some minutes later as a sign of victory

And lips which will smile instead of crying and rage

And eyes which will stare at the sky and will be grateful for fulfilling the duties

We are all related!

Do not you believe?

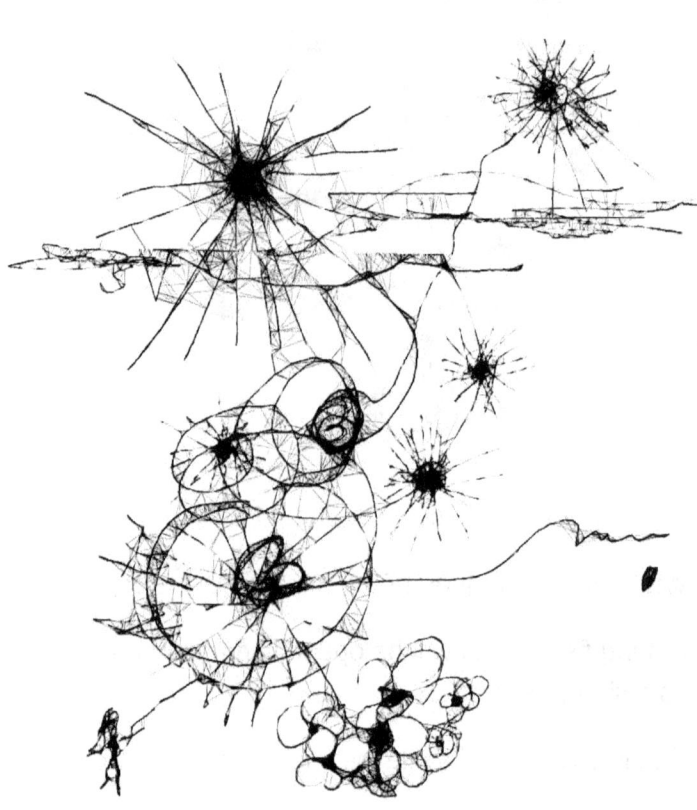

Like some people,

You can enjoy kindness and affection

Understand all flowers

They will teach you

How to forgive others in this short life and live happily

There are people who like

To gather around a well

And philosophize to take out a stone

Thrown by a thinker into a well because of being so angry, stupid, or negligent

Only the people who wake up

Will re-experience the life

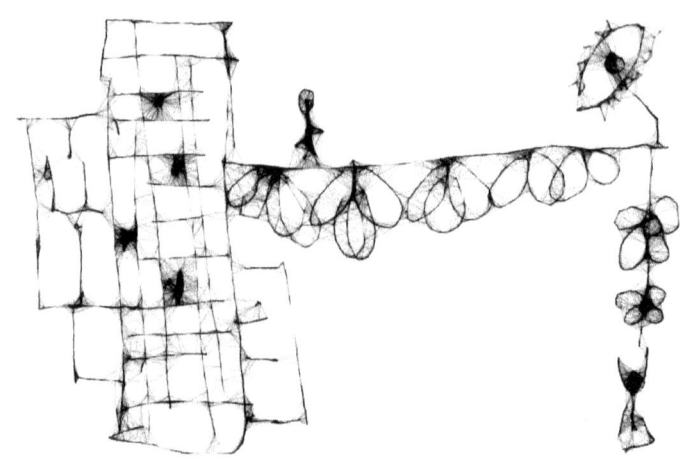

Wing of angles

Human

Vigilance

But, why late?

Why less?

Secret of the rose is not inaccessible

It should turn its round and song

Fortunately, out of the hearts fall on the earth

Trees are grown which make the birds happy

Maybe, there will be a day when the birds are so resolute to carry off human, show them the earth from the sky, and make them comfort

And maybe, human determine a flight limit for the birds from the sky and it stand higher than the birds !

I rain to the health of sky

And accompany the fishes to the sea

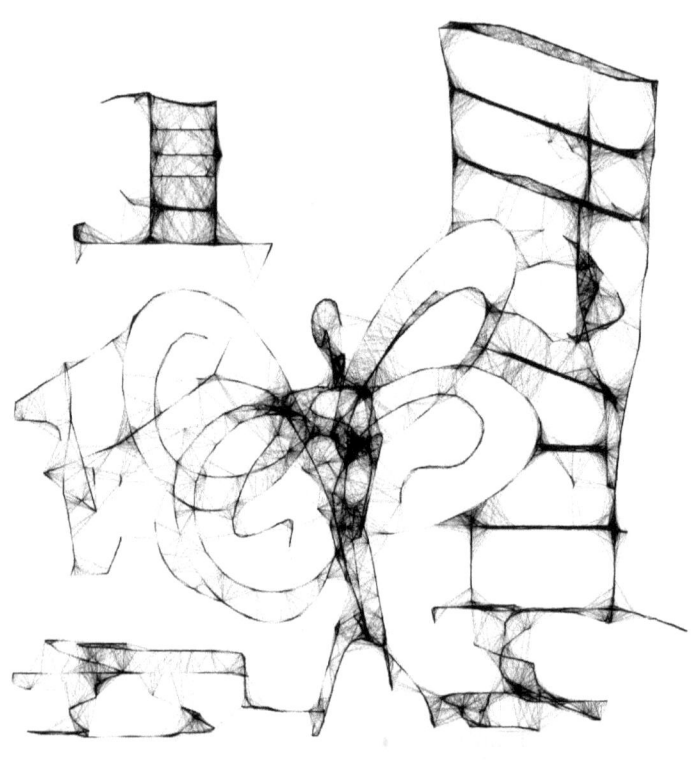

Sometimes, my wings catch in your thoughts

Where they are

Whether up or down

Flowers are symbol of life and beauty

Maybe, our eyes understand the life in an untrue way

You want to talk about your feeling about something or a phenomenon

Like a painting

A piece of music

A scene of a movie,

Rather than a person

Among family members

Among colleagues

.....

It is really difficult

You should censor yourself

You should not reveal your excitement

"Hey guy, control yourself

It is not more than a movie"

Not to hear these words

The man of the 21st century

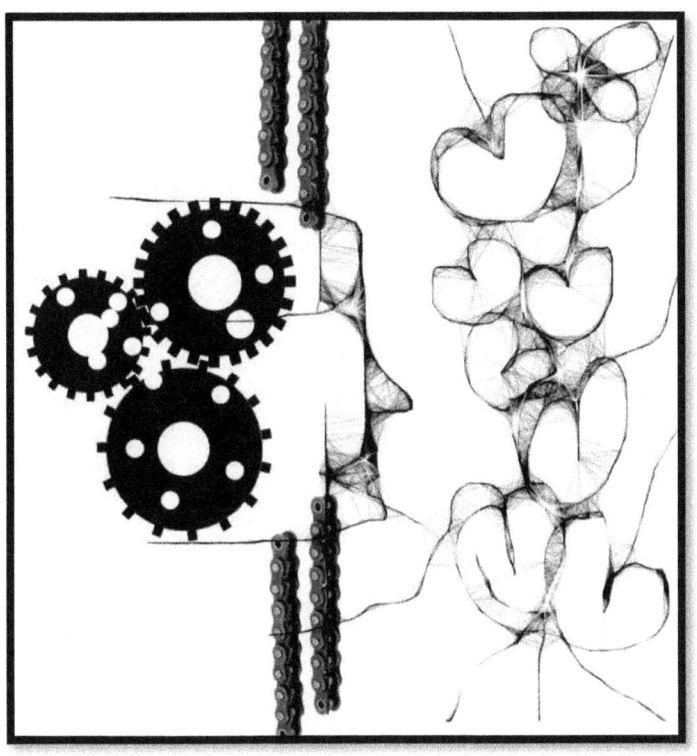

Why, in a corner of the world, human are proud of revealing their emotions in the most beautiful form

And why, here, all feelings, talents, and affections are suppressed

We believe in limitations even for love

We should learn its special computations

I do not know why we become really logic, at the peak of irrationality,

When we encounter with feeling

Our looking becomes cool

We fear from being dependent

Being ensnared

By friends

By spouse

By mother

By love

By forgiveness

....

Maybe there will be a day when I complete it!

Trees may grow

Go up

And touch the sky closer than us

Understand the rain better

Even, pass the clouds and shine under sunlight

There is nobody to disturb them

But, often, nobody prevents human from growth and development other than itself

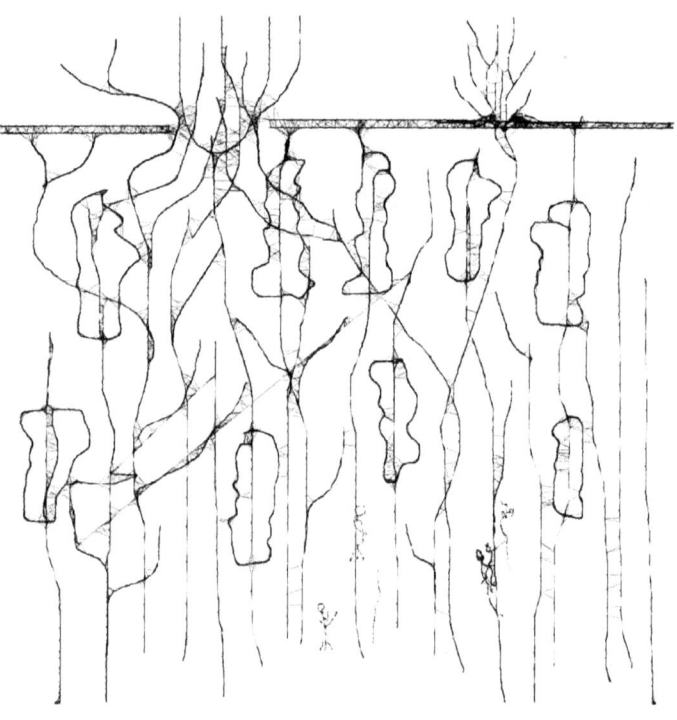

Other than the roots linking its mind and heart to the past

Makes it timid

And replaces courage with expectation

And sometimes, when it releases itself difficult

And it decides to think

To grow

To clime the tree of wish and inspiration

They are catch by shackle of rooted members of the society

Fool people who, like some roots of the dried trees, hit out of the soil

And catch in your feet

You cannot cut them

Since, in your believe, they are part of memory of tree

But, if it is, why it is hit out of the soil!

These persons

Are similar to disinter

Make a cock-and-bull story to prevent from their discomfort

They use all their endevour, knowledge, and genius to keep people in a level lower than life

To prevent from their growth

To prevent from their going up

And if they went up

They will try their best to force them to look down

To look at them

To accept them as root

Root of the buildings constructed by the same people

The bridges which are built and the heights which are conquered

To look down and to sympathize with them

The fools look at us   and describe to ever-present people

If they were not, if there was not the past

If there were not roots

It did happen never

Hey, hey, ...

In a short time, the upper human become myth and are forgotten

And rooted human, like leech, possess our structures

Obtain trust, write, and lecture

Hold classes, courses, and create universities

And relying on thickness of the roots conquering human mind

Makes its release more difficult

And makes themselves more stable

This is the history of human and life

Tense and rigid

 Interwoven in itself

Sometimes, even the **rain** cannot penetrate it

Men and women

We both are shining

We both require each other

One is eager and waiting

And the other is doubtful and busy

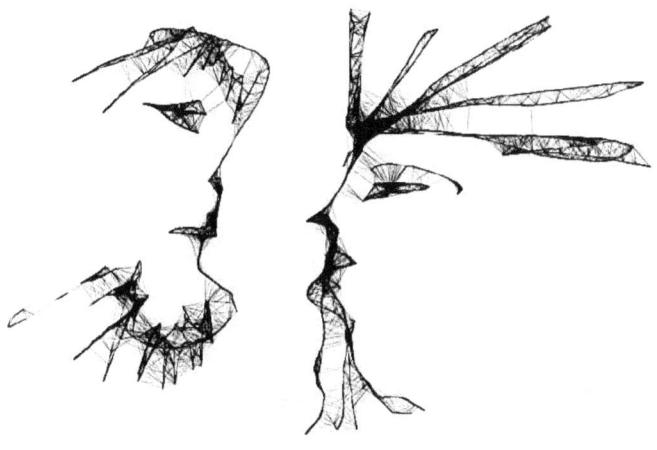

From which star we fall on earth to see each other here?

Friedrich Wilhelm Nietzsche

We are living with people who

Hide their stupidity behind crown

Hide hump of their back behind wings

Hide their cool look behind makeup

And fill their empty heart with feelings and emotions of others

I do not know how

But, they suddenly bring out thousands of hands

Begin legerdemain

Attract several followers

Make us hopeful

Go up

Nest on our heads

Order

Make law

....

And all forgive humpbacks, cool looks, and stolen hearts

It will be crime if you remember them

You will be regarded as an infidel if you do not deny it

Thy put your heart on pan of a scale

Love! Do not talk about it at all

Otherwise, you will be executed immediately

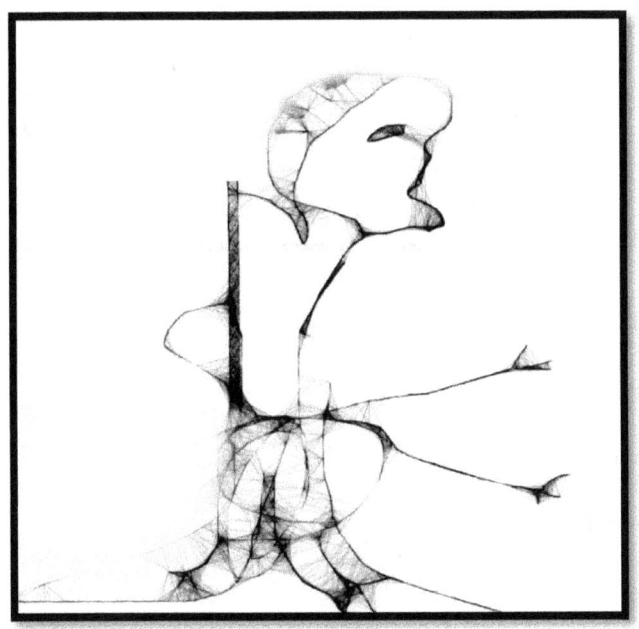

Your hand is cut

For a caress

Your lips are fired

For a kiss

Why is the history so?

Why these misfortunes are repeated?

What is the story?

Maybe we acted stupidly from beginning

Why do we find out the problem when we cannot improve the conditions?

So many people should die

So that we understand the conditions

What is hidden behind rods of this life or prison,
as you say, that you cry freedom?

If it is possible to easily wish without any cost and document

Or if the Almighty God planted buds of thousands of wishes in human heart

Why does human tries so much?

Why is the dreams land so far?

Why is happiness so expensive?

Why do we try to reach up?

Has it not seen from here?

Beside all glances and flied hearts

Has an angle not pray for us?

Has a bird not song?

Has a cloud not cried?

Has the sky not becomes angry of us?

While wishing, why do we look up?

Why do not we believe that?

The inaccessible horizons are repeated in ours looks

Around here

No one dares to ask "is it worthy?" or "was it worthy?"

You follow many followers

From this stage to that

  Walk and walk

The route is difficult and your load in heavy

You lessen your wishes and continue your route

And only one wish remains for you

Passing another stage

Maybe with the same thoughtlessness, beauty, and faithfulness that you wish

You should life hopefully and peacefully

You should avoid any stage until it happens to you

Wishes are not made, truth is not found, and it is not passed with endeavor!

How do the wishes pass from so many barriers and stages and reach to you?

It is useless to continue

I wish there were published the statistics of people being able to reach the land of happiness and wish with their endeavor and during the history

To explain us what to do

And do not try

To see the truth surrounded us!

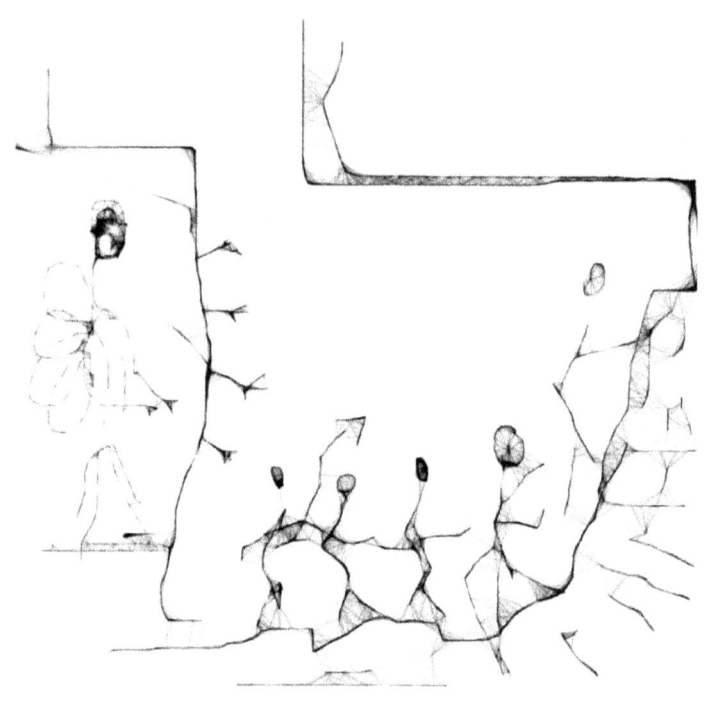

If you are determined to go

Pay attention to signs

To unknowns calling you

To the wings waiting for you

Rather than those who are before you

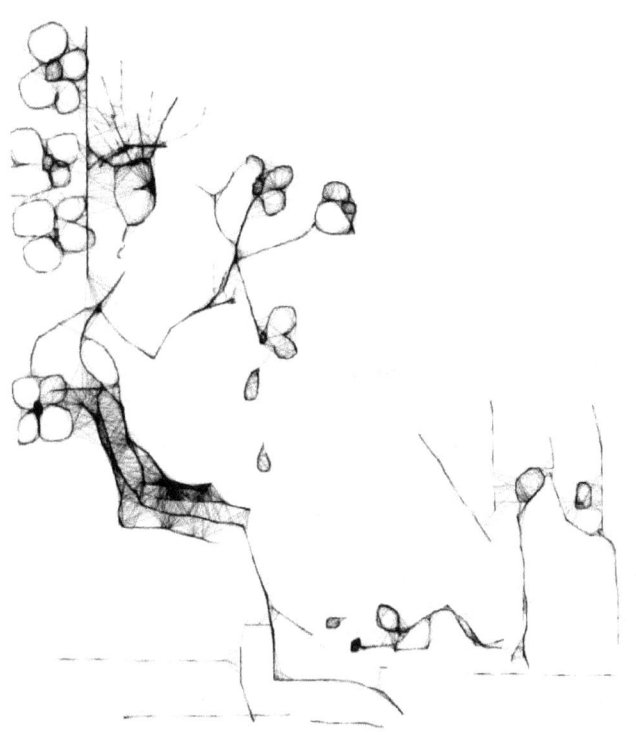

The scene is repeated for centuries and we are still believed in kings

A new life

...

And when you revive

You open your eyes

And you remember again

And time begins to move for you again

And you see that the earth and sky still rotate

And you notice that you should rotate

You should be released

From time

From memories and beings

From the past

And you will understand reason of the life

And why it is repeated

Ask yourself "who am I?"

Repetition of the past experiences or the moment of being aware

And begin to rotate until another birth.

"Dedicated to the people who were killed in Nice"

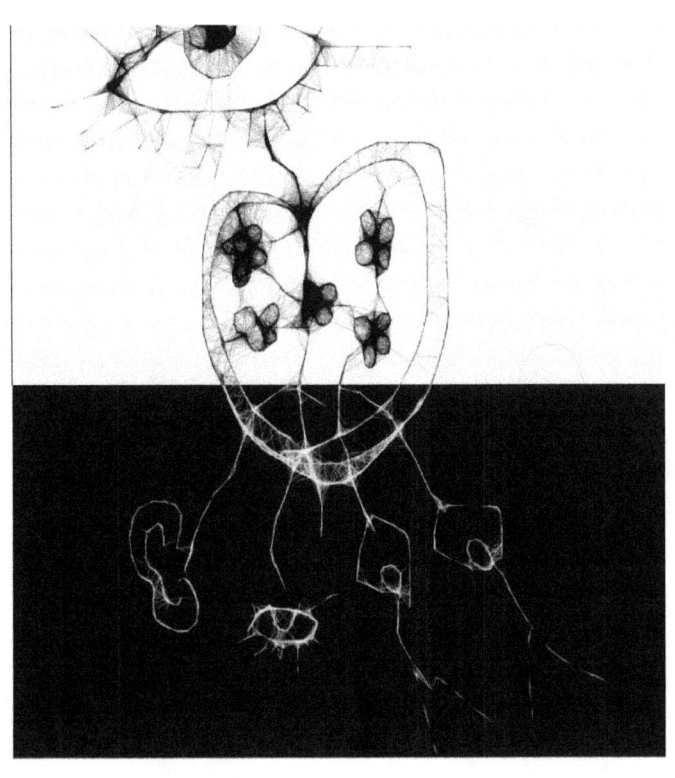

What do you do?

Nice, France

July 2016

At the end, please pray for the people full of singing of the land of song and silence

every night

زندگی دوباره

...

و زمانیکه دوباره زنده می شوی

چشمانت را باز می کنی

و دوباره به یاد می آوری

و زمان دوباره برای تو شروع به حرکت می کند

و می بینی که زمین و آسمان از چرخش خود باز نایستاده اند!

و می فهمی که باید بچرخی

باید رها شوی

از زمان

از یادها و بودن های

از گذشته

و خواهی دانست زندگی برای چیست

و چرا تکرار می شود

از خود بپرس من که ام؟

تکرار تجارب گذشته یا لحظه ای آگاهی

و تا تولدی دیگر دوباره شروع به چرخیدن کن!

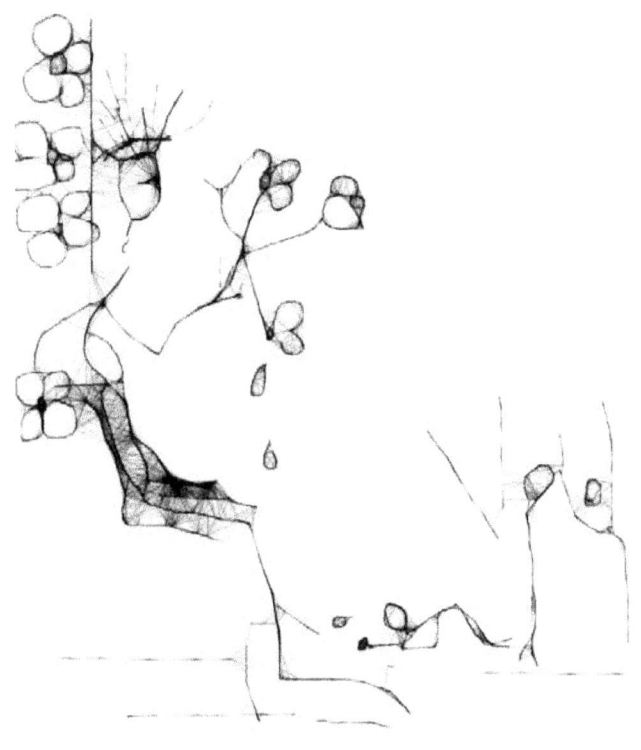

قرن هاست این صحنه تکرار می شود و هنوز به پادشاهان ایمان داریم

پشت میله های این زندگی یا به قول تو زندان

چه پنهان شده

که اینهمه آزادی آزادی می کنید

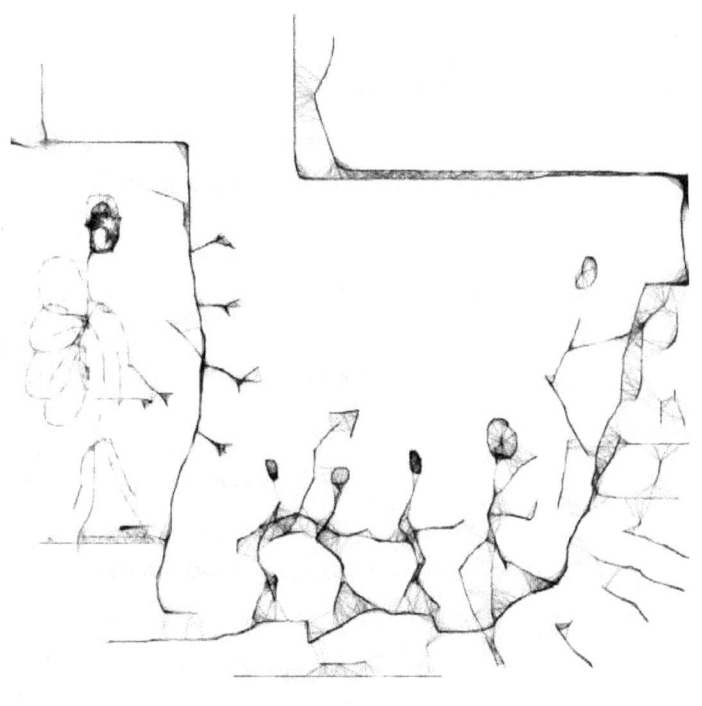

اگر مرد رفتنی
به نشانه ها توجه کن
به ناشناخته هایی که تو را می خوانند
و بالهایی که تو را منتظرند
نه به آنانی که جلوتر از تواند

می روی و می روی

راه سخت و بارت سنگین

از آرزوهایت کم می کنی و به راحت ادامه می دهی ...

و تنها یک آرزو برایت می ماند

عبور از مرحله ای دیگر

شاید به همان بی خیالی و زیبایی و صمیمیتی که آرزو می کنی

باید آرام و امیدوار زندگی کنی

و از هر مرحله ای دوری کنی تا برایت اتفاق بیفتد

با تلاش نمی شود آرزوها را ساخت، حقیقت را یافت و از آن عبور کرد!

آخر آرزوها چگونه از اینهمه مانع و مرحله عبور کنند و به تو برسند

ادامه مطلب بیهوده است

ای کاش آماری از افرادی که در طول اینهمه تاریخ و تلاش توانسته اند به سرزمین خوشبختی و آرزو برسند منتشر بشود

تا تکلیفمان مشخص شود

و برای دیدن حقیقتی که دور رو برمان را پر کرده

اینهمه تلاش نکنیم!

اگر می شود اینهمه راحت و بدون
هر امکانات و مدرک و هزینه ای آرزو کرد
یا خداوند زیبا جوانه هزاران آرزو را در دل انسان کاشته است
اینهمه تلاش برای چیست
چرا سرزمین رویاها اینهمه دور است
چرا خوشبختی گران است
و چرا هی می خواهیم برسیم آن بالا
مگر از این پایین معلوم نیست

مگر کنار همه نگاه ها و دل های پر کشیده
فرشته ای برای ما دعا نمی کند
پرنده ای آواز نمی خواند
ابری گریه نمی کند
و حتی آسمان گاهی از دست ما عصبانی نمی شود
چرا وقتی آرزو می کنیم به بالا نگاه می کنیم
چرا باور نمی کنیم
همین نزدیکی ها
همین دور و بر
در نگاه یکدیگر افق های دست نیافتنی تکرار می شوند

کسی جرات نمی کند بپرسد آیا ارزشش را دارد؟ یا داشت
راه می افتی دنبال خیلی های در راه
از این مرحله به آن مرحله

واسه یه نوازش
دستت رو قطع می‌کنن

واسه یه بوسه، لبات رو آتیش می‌زنن

واسه یه آغوش
کثافتشون رو می مالن رو سینه‌ات
تا دق کنی

چرا تاریخ اینطوریه
چرا این بلاها هی تکرار می شن
جریان چیه
اون حماقت اولی نکنه از خود ماس

چرا وقتی کار از کار گذشت
شروع می کنیم به فهمیدن

الا باید خیلی‌ها بمیرن
تا به خودمون بیایم

انسان‌هایی در میان ما زندگی می‌کنن
که حماقتشون رو با تاج
گوژ پشت‌شون رو با بال
نگاه بی روحشون رو با خط و خال
و سینه خالیشون رو با قلب و احساس بقیه
پُر می‌کنن

نمی‌دونم چجوری

ولی یهویی هزار تا دست در میارن
شروع می‌کنن به شعبده
کلی هوادار پیدا می کنن
ما رو امیدوار می کنن
می رن بالا
رو سرمون لونه می سازن
دستور می دن
قانون می ذارن
...
و همه گوژ پشت و نگاه سرد و قلب های دزدیه رو فراموش می کنن
یادآوریش می‌شه جرم
و اگه انکار نکنی، کافرشدی

دلت رو در میارن می ذارن رو کفه ترازو
عشق که حرفش رو نزن
در دم اعدام می‌شی

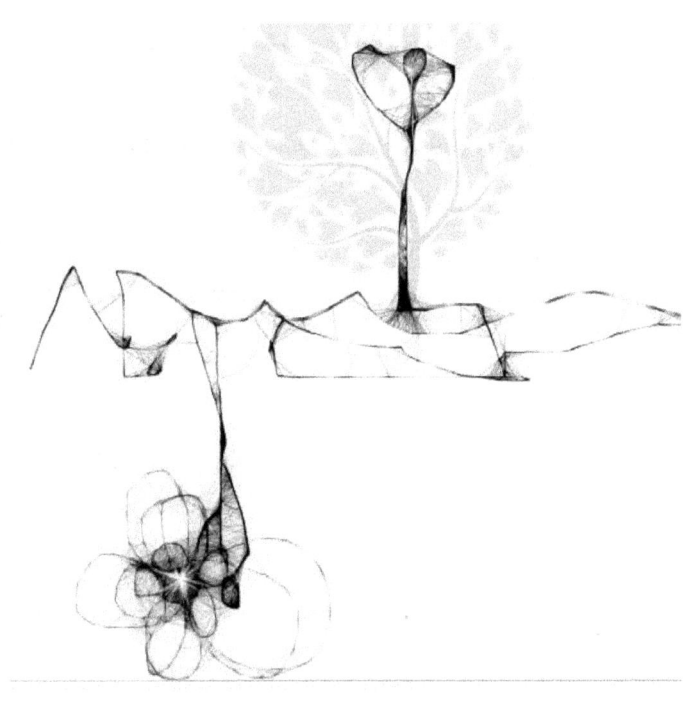

زن و مرد

هر دو می درخشیم

هر دو نیازمند دیگری

یکی مشتاق و منتظر

و دیگری مردد و گرفتار

تاریخ انسان و زندگی همینه

سفت و سخت   تو خودش تنیده

حتی بعضی وقت‌ها **باران** هم نمی تونه به اونا نفوذ کنه

کاری کنن تا از اون بالا پایین رو نگاه کنن
به اونا نگاه کنن
و اونا رو به عنوان ریشه قبول کنن
ریشه ساختمان‌هایی که همون آدم‌ها ساختن
به پل‌هایی که زدن وُ بلندی‌هایی که فتح کردن

از اون بالا پایین رو نگاه کنیم و دلمون براشون بسوزه

احمق‌ها هم ما رو نگاه کنن   و به بقیه همیشه حاضر توضیح بدن
اگه اونا نبودن، اگه گذشته نبود
اگه ریشه‌ای در کار نبود
هرگز اتفاق نمی‌افتاد

هی   هی ...
زمان کوتاهی نمی‌گذرد که انسان‌های بالا به اسطوره تبدیل می‌-
شوند و فراموش
و انسان‌های ریشه‌ای   همچون زالو به جان ساخته‌های ما می‌افتند

اعتباری کسب می‌کنند، می‌نویسند، سخنرانی می‌کنند
و کلاس و درس و دانشگاه راه می‌اندازند
و با کلفتی ریشه‌هایی که ذهن انسان را فراگرفته
رهایی او را سخت‌تر می‌کنند
و خود را ماندگار

جراتش رو ازش می‌گیره

و انتظار رو جاش می‌ذاره

بعضی وقت‌ها هم که با هزار مصیبت خودش رو آزاد میکنه

و تصمیم می گیره فکر کنه

رشد کنه

و از درخت الهام و آرزو بالا بره

قید و بند آدم‌های ریشه‌دار جامعه

دست و پاشون رو می‌گیره

آدم‌های احمقی که مثل بعضی ریشه‌های درخت های خشکیده

که از خاک می زنن بیرون

و گیر می کنن به پات

نمی تونی قطع‌شون کنی

می‌گی جزیی از خاطره درخته

اما اگه هست چرا بیرون افتاده!

این آدم ها

یه چیزی مثل نبش قبر می‌مونن

آسمون و ریسمون رو بهم میبافن تا مبادا آرامش شون بهم بخوره

همه تلاش و سواد و نبوغ‌شون در اینه که انسان‌ها رو در سطحی پایین از زندگی نگه دارن

رشد نکنن

بالا نرن

و اگه هم رفتن بالا و نشد جلوشون رو گرفت

درخت‌ها می تونن رشد کنن

بالا برن

و آسمون رو نزدیک‌تر از ما لمس کنن

بارون رو بهتر درک کنن

و حتی از ابرها عبور کنن و زیر نور خورشید بدرخشن

بدون اینکه کسی مانع‌شون بشه

اما خیلی وقت‌ها   کسی مانع رشد انسان نیست جز خودش

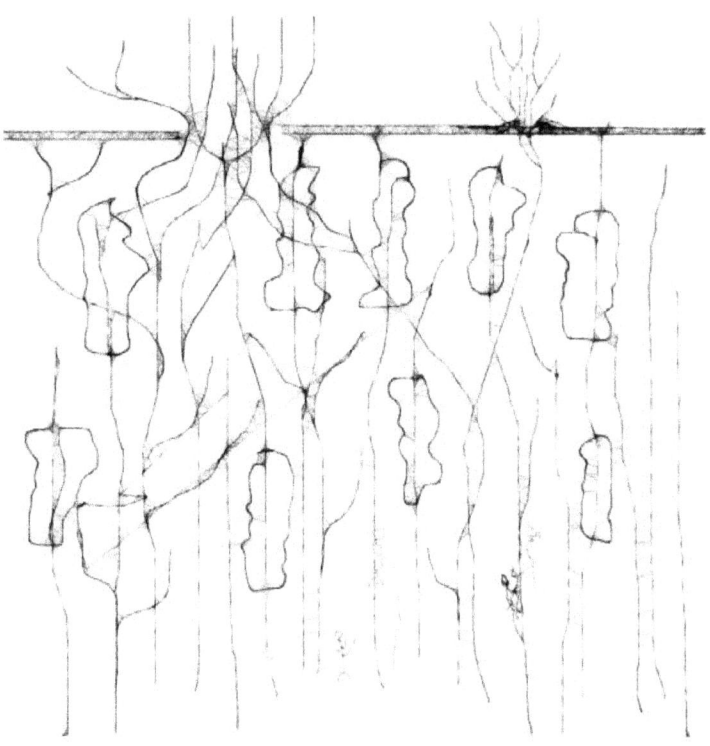

جز ریشه‌هایی که ذهن و قلبش رو به گذشته دوخته

چرا در یک گوشه دنیا انسان‌ها مفتخرند به ابراز احساسات خود به زیباترین حالت

و چرا در این گوشه می‌زنیم سر هر حس و ذوق و علاقه‌ای

حتی واسه عشق هم حد و حدودی قائلیم

محاسبات خاص خودش رو داره که باید یاد بگیریم

نمی دونم چرا در اوج بی‌منطقی

وقتی پای احساس میاد وسط کاملا منطقی می‌شیم.

نگاهمون سرد می شه

می ترسیم از اینکه وابسته بشیم

اسیر بشیم

اسیر دوست

اسیر همسر

اسیر مادر

محبت

گذشت

...

شاید یه روزی این متن رو کامل کنم!

می‌خواهی از احساست نسبت به چیزی یا پدیده‌ای صحبت کنی و نه از کسی

مثل یک تابلو نقاشی

یک قطعه موسیقی،

صحنه‌ای از فیلم

آنهم در یک جمع خانوادگی،   در جمع همکاران و ...

کار سختی است

باید کلی خودت را سانسور کنی

نباید زیاد از خود هیجان نشان دهی

«خودت رو کنترل کن بابا

سرو تهش یه فیلمه دیگه»

تا این حرف‌ها را نشنوی

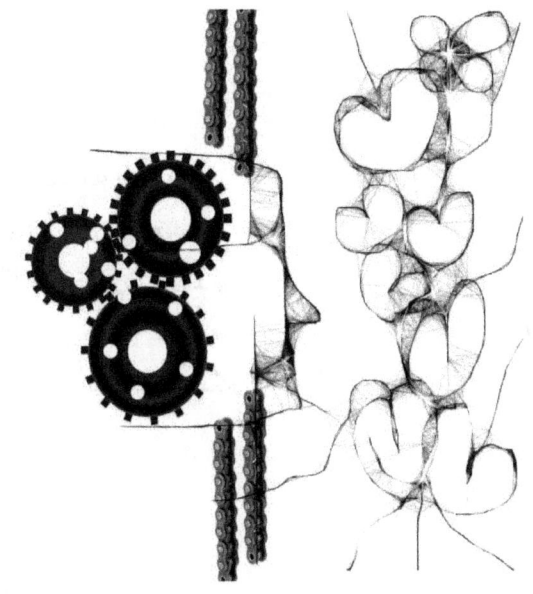

هر کجا که باشند
چه زیر و چه رو
گل‌ها نماد زندگی‌اند و زیبایی

شاید چشمان ما زندگی را وارونه می‌فهمند.

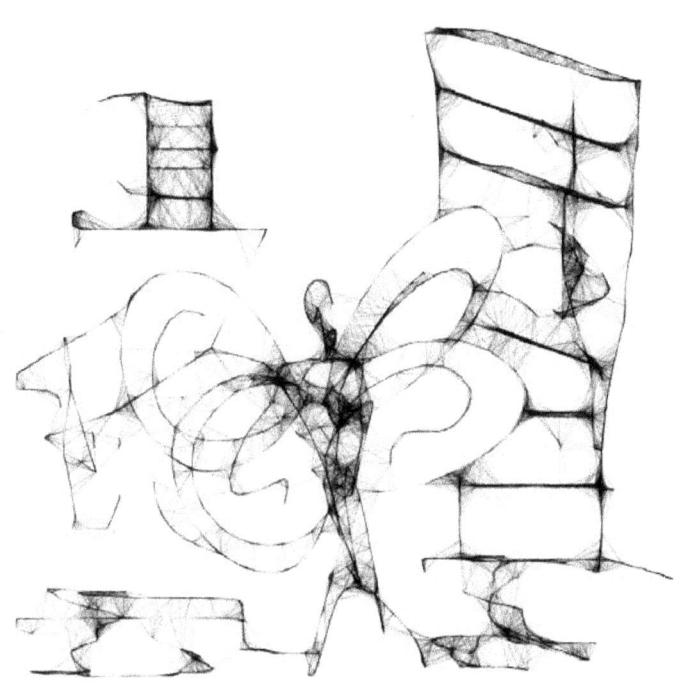

گاهی بال‌هایم گیر می‌کنند به اندیشه‌های شما

به سلامتی آسمان می بارم
و ماهیان را راهی دریا می کنم

خوشبختانه از قلب‌های ریخته‌ی روی زمین
درختانی می‌رویند که دل پرندگان را شاد می‌کنند.
شاید روزی پرندگان آنقدر سبک بال شوند که با آزادی و سبکبالی،
انسان‌ها را به خود برگیرند و از آن بالا زمین را نشان دهند و
خیالشان را آسوده کنند

و شاید روزی انسان‌ها از آن بالا
محدوده پروازی برای پرندگان معین کنند و خود بالاتر از آن بسازند!

راز گل سرخ دست یافتنی نیست
باید گِردش چرخید و آواز خواند

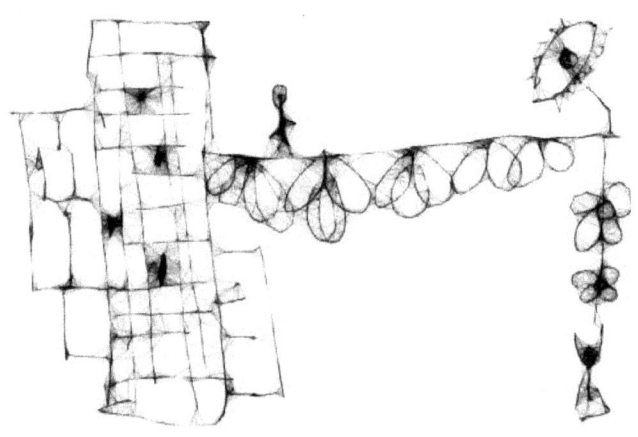

بال فرشتگان
انسان
بیداری
ولی چرا دیر؟
چرا کم؟

تنها انسان هایی که بیدار می‌شوند
زندگی دوباره را تجربه خواهندکرد

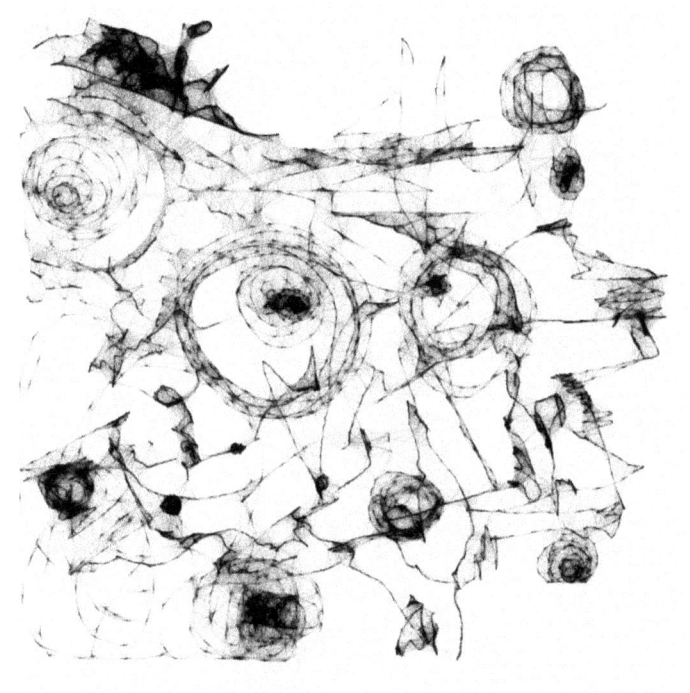

خیلی ها هستند که خیلی دلشان می‌خواهد
سر چاهی جمع شوند
و برای بیرون کشیدن سنگی فلسفه ببافند
که روزی اندیشمندی از فرط عصبانیت یا حماقت و غفلت به داخل چاه پرتاب کرده است

می‌توان شبیه بعضی از انسان‌ها
از محبت و مهربانی بال درآورد
و همه گل‌ها را درک کرد
آنها به تو می آموزند
در این زندگی کوتاه چگونه دیگران را ببخشی و شادباشی

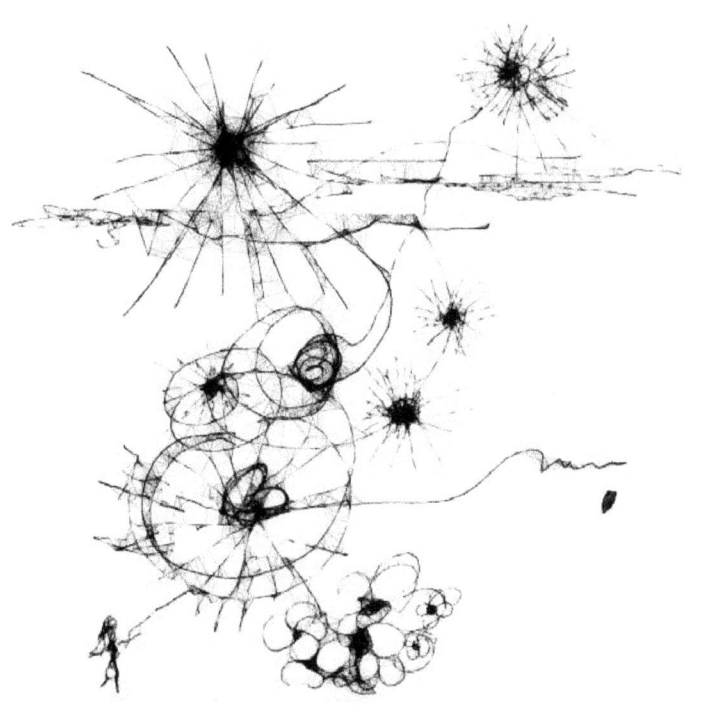

همه به هم مرتبطیم!

باور نداری؟

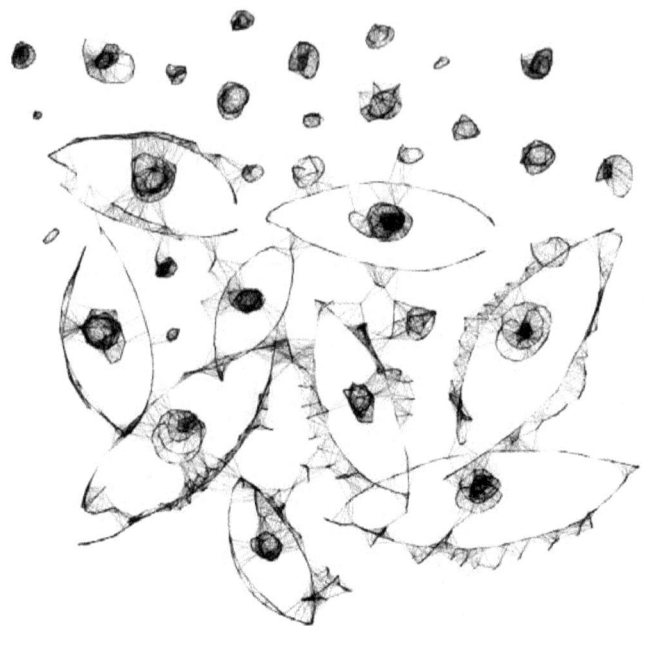

سنگسار حقیقت، دانایی و دانستن
آنهم به سنگی از جنس جهالتی به قدمت تاریخ
در میان مشت‌هایی که تا دقایقی بعد به علامت پیروزی باز خواهند شد
و لب‌هایی که به جای فریاد و خشم، لبخند خواهندزد
و چشمانی که به آسمان خیره خواهند شد و به انجام تکلیف شکرگزار.

کجایی
ای
انسان
بیدار

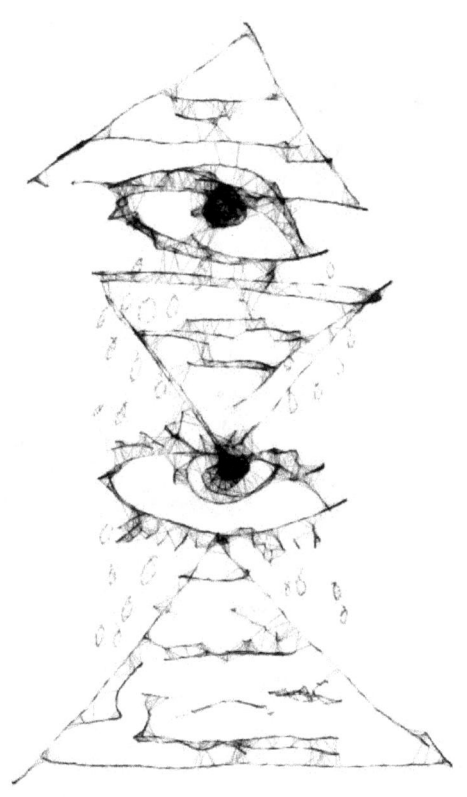

روزی خواهد رسید که علم بالای خورشید سقفی می‌زند
و نورش را تقسیم می‌کند
اما با عدالت
آنگونه که خودش می‌فهمد نه انسان‌ها

جهان هستی هر لحظه چهره‌ای جدید به خود می‌گیرد
تا دیروزمان مثل امروز نباشد

تا لحظاتی زیبا از زندگی را تجربه کنیم
اما خیلی‌ها به خود مشغولند
و در مقابل   از غایت زندگی می‌پرسند!

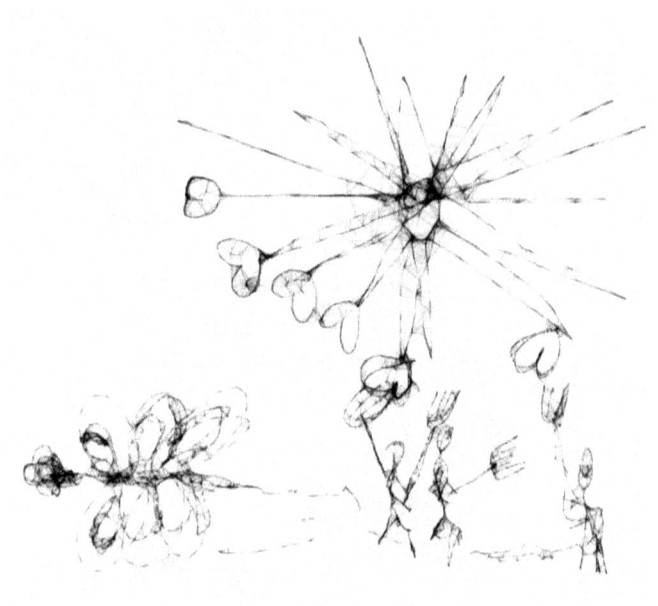

گناه شاپرک‌ها چیست
که برای دلگرمی خورشید دل‌هایشان را فدا می‌کنند
و چرا انسان‌ها از بی‌تابی دل‌ها نگرانند
عشق را محکوم می‌کنند
از انسان‌هایی که محبت می‌کنند می‌ترسند
می‌ترسند مبادا چیزی از آنها بخواهند!
می ترسند چیزی ببخشند!

ماهی‌ها می‌خواهند سوار کشتی شوند

ناخدا تور می‌اندازد

اما به کف دریا نمی‌رسد

یکی از ماهیان می‌پرد و از تور آویزان می‌شود

دیگران او را تماشا می‌کنند

باور انجام چنین کاری را ندارند

می‌ترسند

می‌ترسند به تور نرسند و پایین بیفتند!

کشتی حرکت می‌کند و از سطح دریا دور می‌شود

به ماه که رسید، ماهی بال‌هایش را می‌گشاید و بیرون می‌پرد

سقف آسمان نزدیک است لبخندی می‌زند و پرواز کنان به درون آب شیرجه می‌زند

شاید زندگی همین باشد:

پرواز و پریدن

برای بالا رفتن و رشد کردن

نیازی به پروانه گرفتن نیست

می توان هم‌آواز زایش و زیبایی گل‌ها شد و بالا رفت

و مواظب شاپرک‌ها بود

گروهی زندگی را وارونه زندگی می‌کنند

گروهی مسیر زندگی را پرواز می‌کنند

گروهی از مسیری مشخص و همیشگی

بدون دغدغه آسمان و زمین زیر پایشان عبور می‌کنند

و گروهی پرواز و عبور و مسیر انسان‌ها را ترسیم می‌کنند!

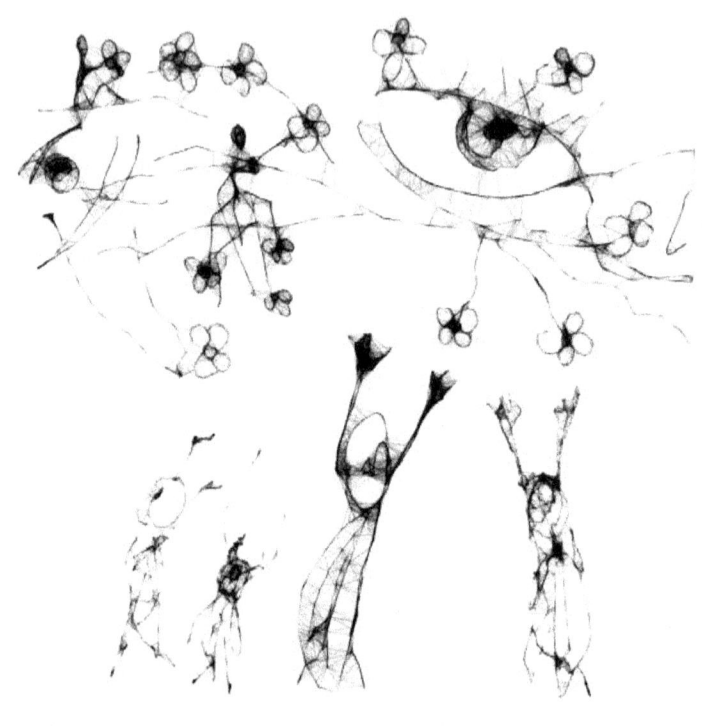

چگونه است که انسان‌هایی آن بالایند؟
و چرا انسان‌هایی این پایین؟
تلاش می‌کنند آنها را به پایین بکشند
چرا بالا نمی‌روند؟

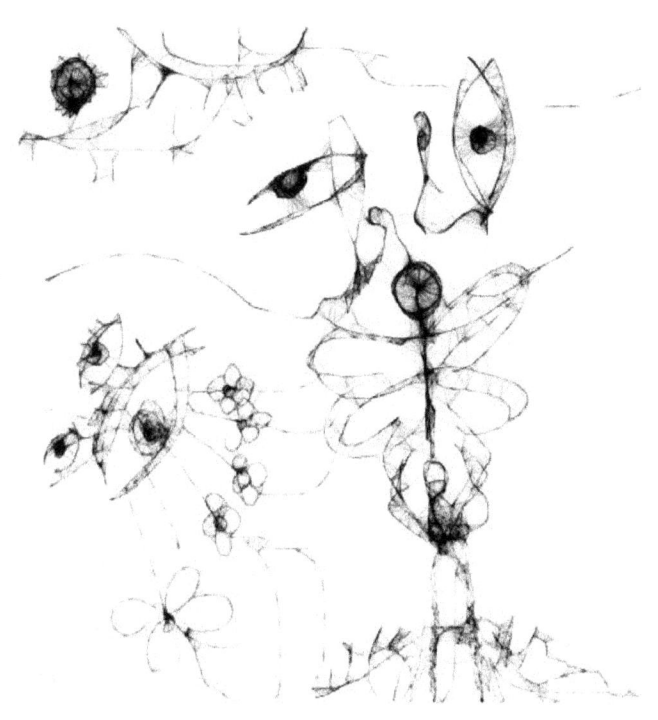

انسان هایی در میان ما زندگی می‌کنند
که از اندیشه فراتر می روند
با پرواز یکی وُ همنوای پرندگانند
بر فراز آسمان لانه‌ای می‌سازند
و رنگین کمان را هر شب به میهمانی ماه دعوت می‌کنند
و از همانجا ستارگانی را بدرقه می‌کند که خاموش می‌شوند
و در آسمانی دیگر و شاید هم در چشمان من، لیلی و خیلی‌های دیگر
زاده می‌شوند

در میان ما انسان‌هایی زندگی می‌کنند
که از فراسوی هر آنچه که هست
آرام و زیبا معنی زندگی را می‌فهمند
و به شاپرک اول قصه می‌آموزند
آزادی رمز حضور است.

اما هستند کسانی که می‌دانند
اگر در شب‌های تاریک
برای عبور شهاب سنگ‌ها و سوسوی ستارگان دعا کنیم
و دعاهایمان مستجاب شوند
خورشید در هم‌آغوشی ستاره هزار حنجره ماهی نو می‌زاید و زندگی ادامه می‌یابد

اما دوباره گروهی پیدا می‌شوند که می‌خواهند از رنگین کمان بالا روند!

در میان ما انسان‌هایی زندگی می‌کنند!
انسان‌هایی که می‌خواهند دستانشان را دراز کنند و ماه را بگیرند

، توضیح دهند،

کم و زیادش کنند،

جابه‌جایش کنند

و دست

آخر در موزه تاریخ نجوم بایگانی.

ما هم باید باید بلیط بگیریم

صف بایستیم

و از راهروهای

طولانی عبور کنیم تا ماه را ببینیم.

- با رفتن ماه روشنایی خواب‌هایمان را فراموش خواهیم کرد -

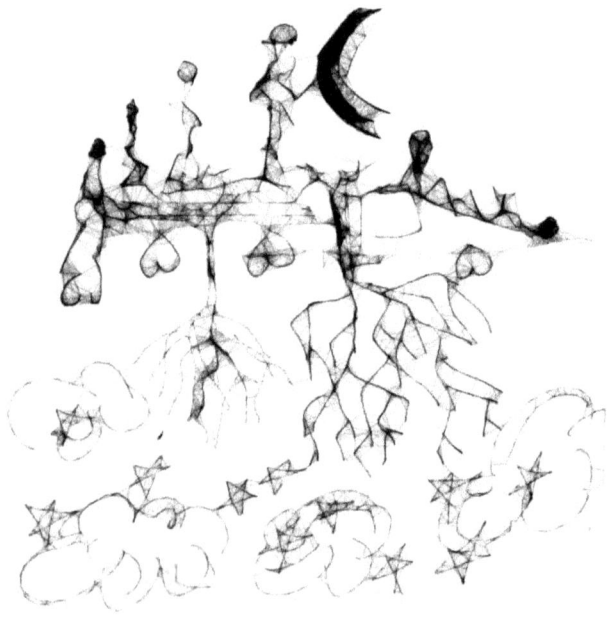

صفحاتی که پیش رو دارید، صحنه‌هایی هستند از زندگی مردمان سرزمین آواز و سکوت؛ قصه زندگی دو دسته از انسان‌هایی که گروهی از پنجره‌ها بیرون پریده‌اند و گروهی که از حضور پنجره‌ها بیزارند.

گروهی پنجره‌ها را قفل می‌کنند و گروهی راهی جدید به سوی حقیقت می‌گشایند. گروهی پرندگان را تکفیر می‌کنند و گروهی برای پرواز شعر می‌سرایند. گروهی می‌خواهند آزاد باشند و گروهی تنها ادای آزادی را درمی‌آورند.

چالشی بین دو نوع زندگی و جهان بینی

شاید روزی برسد، به گونه‌ای دیگر بیندیشم و به جای تقابل و تضاد، قصه‌ای از همزیستی و یکدلی و بیرنگی بنویسم و دیگر تفکیکی بین هیچ چیز و هیچ کس وجود نداشته باشد.

گروهی هیجان‌زده شیشه‌ها را باز کردند
پرواز را به یاد آوردند
بیرون پریدند
شاخه‌ها را چیدند و پایین آوردند

باورها تازه شدند
ذهن‌ها خالی
و دل‌ها که بی قرار شد

ستاره هزار هنجره خود را آزاد کرد

جوانه زدنند

از لابلای شاخه‌ها

به صمیمت زمین و عشق به زایش دوباره

حروفی کمرنگ

نجواکنان به پایین ریختند

با احتیاط از نگاه سنگین ساختمان‌ها گذشتند

رنگ عوض کردند و کنار هم چیده شدند

بوی کلمه و جمله و شعر سرتاسر سرزمین سکوت را پُر - کرد

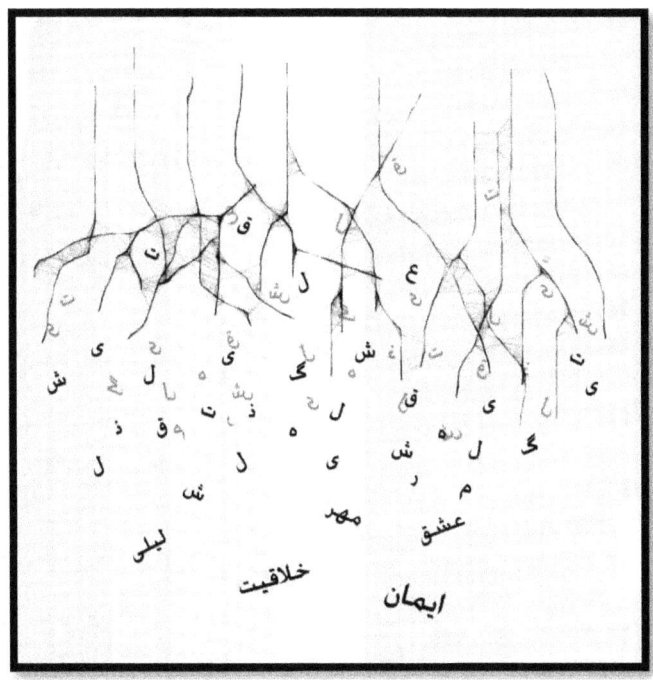

- هرگز فراموش نکنید
در زندگی لحظاتی هست که هر قدر هم که تلاش کنید
نمی توانید مانع وقوع برخی از اتفاقات شوید -

روزی از غفلت عقل و آهن

و از حیرت انسان‌ها در انعکاس شیشه‌ها

فرصتی دست‌داد و ستاره هزارحنجره آهی کشید

و تک شاپرک شهر متولد شد

چرخی زد و بال‌هایش را تا انتها باز کرد

به همین سادگی و زیبایی   که روزی همه به آن عادت داشتیم

نسیم زاده‌شد.

مدتی لای دیوارهای سرد و بی‌خاطره   گشت

و سراغ پرندگان گرفت

سراغ لانه و درخت و سایه و شکوفه را گرفت

و انعکاسی سرد نصیبش شد.

اما راه را می‌شناخت

زاده آزادی بود

می‌دانست شاخه‌ها منتظرند

پیام ستاره را به آسمان رساند

شاخه‌های بریده و خشکیده بی‌قرار شدند

به یاد آوردند

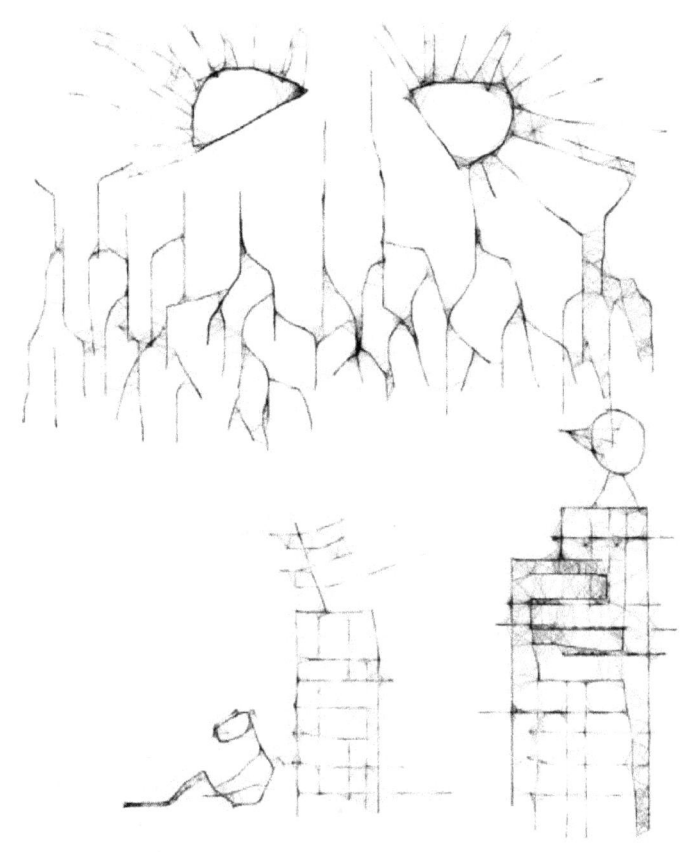

اما بودند انسان‌هایی
که هنوز به رویا و آرزو ایمان داشتند
و از آن بالاها
بالا را نگاه می‌کردند
و برای آزادی ستاره هزار حنجره دعا می‌کردند

تا آسمان را نبینیم

هیچ پرنده‌ای جرات پرواز نداشته‌باشد

و نکند کسی آوازشان را بشنود

تا خاطره ترس و حماقت ما فراموش شود

روز و شبی در کار نبود

کسی جرات خوابیدن نداشت

تک‌تک خواب‌ها کنترل می‌شد

تنها گاهی به ستاره هزار هنجره   اجازه می‌دادند

قصه بگوید   تا از آشفتگی انسان‌ها کم کند

اما قصه بدون آسمان

بدون ستاره و چشمک و لالایی

بدون نوازش و لابلای سنگ و سیاهی

زخم‌ها را عمیق و رویاها را بی‌قرار می‌کند

احساسمان را عقیم کردند
و شهوت را بی حد و مرز
به حکم علم
به احترام روان
همه چیز را توجیه کردیم

به آسمان چیزی نگفتیم
نه دعایی که دروغ گفتیم
خیانت کردیم و چشم به زمین دوختیم
تا باقی ستاره‌ها را،
ستاره‌های سرزمین آواز را بدزدند.

آسمان ماند و شهادت بر هزاران جنایت انسان

همه تصمیم گرفتیم فراموش کنیم
شرمسار آسمان بودیم و وامانده جهالت خویش
زمین را از حضور هر گل و درخت و خواستنی که رو به آسمان
شکل گیرد خالی کردیم

ریشه‌ها را بریدیم و درختان را برعکس از آسمان آویزان کردیم
تا ما را نبیند
ساختمان‌هایی ساختیم از سنگ و آهن
بلند و بلندتر

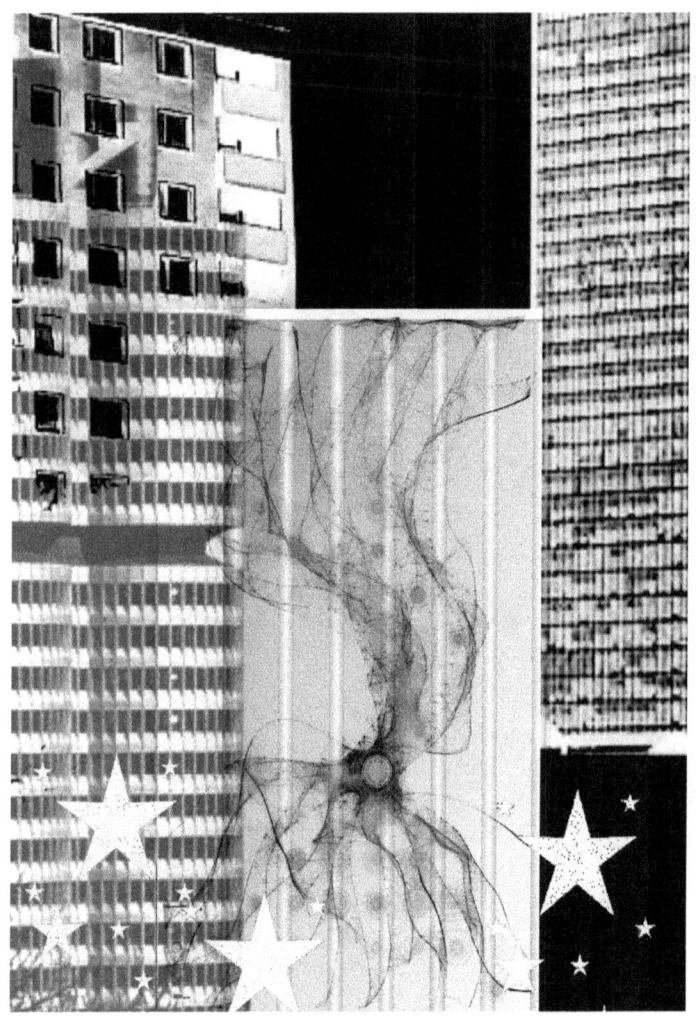

(تصویر: ستاره هزار حنجره گرفتار در میان آسمانخراش ها)

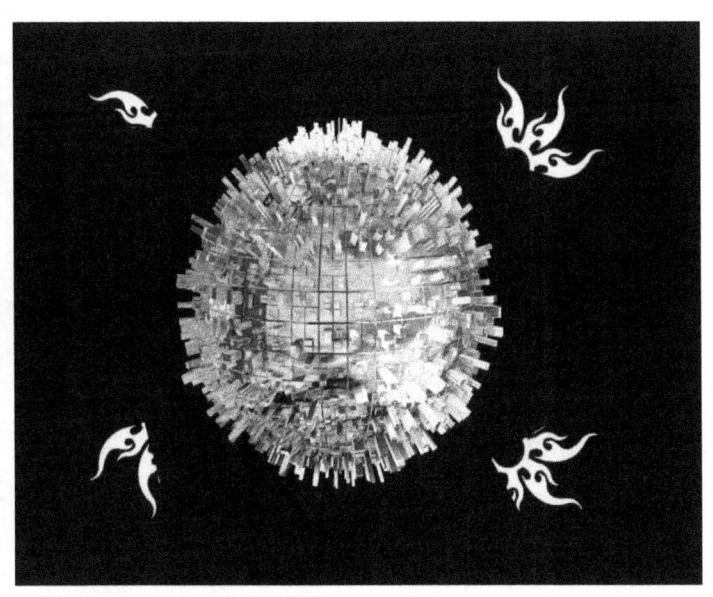

ما ماندیم و خاطره‌ای از نوازش نسیم و آواز شاخه‌ها
آرزوی دیدن تلالو خورشید از لابلای برگ‌ها
و درخشش آسمان در شبنم گلبرگ‌ها

و خیلی چیزهای دیگر
که اکنون همه را فراموش کرده‌ایم

دست آخر ستاره هزارحنجره را هم   با خود بردند.
آواز مُرد و پرواز فراموش شد

اما باز کسی شکایتی نکرد

برای اولین بار در تاریخ
انسان‌هایی از گذر کند زمان گلایه می‌کردند
می‌خواستند سریع‌تر به آینده دست‌یابند
از آن بگذرند
و زمان را به بند کشند

زمین را وادار کردند سریع‌تر بچرخد
خورشید بارها و بارها در هر شبانه روز طلوع می‌کرد
و حتی گاهی روزها غروب نمی‌کرد

جای ماه و خورشید را عوض می‌کردند
عبور شهاب سنگ‌ها نوبتی و طبق برنامه انجام می‌شد
و سوسوی ستاره‌ها   محدود به تعداد بینندگان بود

اما اینها همه کافی نبود   تا حرص و طمع انسان را
به بهانه علم و پیشرفت و چرایی بودن و زیستن فرونشاند

با رای اکثریت
خورشید را چهار تکه کردند
و در چهارسوی آسمان آویختند
عدالت کاملا رعایت شد
کم‌نورترین تکه را به سرزمین ما بخشیدند
(البته به نسبت تعداد رای‌های مثبت به منفی!)

...

به جای چشمک ستاره ها به کسانی که از چرایی آنها سوال می‌کنند

باید احترام گذاشت!

و اینگونه اندوخته سال‌ها را در زمانی کوتاه

با یافته‌های جدیدشان عوض کردند و دور ریختند

شروع کردند به تجربه

به جستجو

به دخالت و تغییر در طبیعت

هر روز بزرگتر و عاقل‌تر از روز قبل، گذشته را نابود کردند

و بر وسعت آینده افزودند

ماجرا به قرن‌ها قبل باز می‌گردد
به رنگ باختن باور سرزمینی که روزی نشانی از خدا و خلاقیت بود
به شرمساری مردمانی که در مقابل باروری حرص و طمع خویش
آرزوهایشان را فراموش کردند

انسان‌هایی که روزی همه مشکلات را با شادی و شهود حل می‌کردند
برآن شدند
جواب سوال‌هایشان را بیابند
و سلطه بر طبیعت را به جای سلطنت بر خویش برگزیدند
(دکتر شریعتی، از کتاب انسان بی خود)

و خِرَد، خدای آنها شد

زمین که از احساس خالی شد
ابرهای تیره دانش و گردبادهای سهمگین فلسفه و تعقل
وارد سرزمین ما شدند
کسی مقاومتی نکرد
همه سکوت کردند
حمایت کردند
گفتند به اندیشه‌ها و پدیده‌های نو باید احترام گذاشت:
- به جای توحید به **تولید**
- به جای وحی، به **عقل**
- به جای کمال، به **لذت**
- به جای عشق، به **عدالت**
- به جای حضور به **حصول**

بالا می‌رفتند
از زمین دور می‌شدند به آسمان نزدیک
اما دست آخر
از آن بالا   به پایین خیره می‌شدند

بعد می‌نشستند و برای ریشه‌های و درختان مدفون زیر فولاد و فغان و فریب
مرثیه می‌سرودند!
سمینار پشت سمینار:
- آسیب شناسی انسان در طبیعت
- حرمت زمین و لزوم پیشرفت
- کمبود باران و چرایی آزادی ابرها
- بی قانونی رشد و تولد و تکثیر طبیعت
- بی ثباتی احساس و تکامل عقل
- توجیه شدن   و   فراموشی همه بودن‌ها

وجدانشان که آرام شد
می‌رفتند دنبال کارشان

همه چیز تکراری بود
و گذشت زمان احساس نمی‌شد

آسمانی را به یاد می‌آورم که شاخه‌هایی عریان از آن آویزان بودند
بی‌برگ و بی‌سایه
بی‌پرنده و آواز
خشک خشک
و همیشه منتظر

تا رهگذری، بادی یا تکانی
کمی جابه‌جا شوند
کمی دور از هم   و   کمی نزدیک
به هم بنگرند
و کمی امید
کمی احساس
و شاید   آواز

زیر این آسمان تنها، دیگر کسی نمی‌خندید
عاشق نمی‌شد
آرزو نمی‌کرد

تولد شاپرک فراموش شده‌بود
دعا و دعوتی در کار نبود

کسی نهالی نمی‌کاشت
و به آسمان خیره نمی‌شد

همه ساختمان می کاشتند

زیباترین اشعار و بهترین ترانه‌ها را برای یکدیگر بخوانیم.

نباید اجازه دهیم سکوت که نشانه ای از رشد و حضور سیاهی است جهان را فراگیرد. سکوت شروع فاصله‌هاست. شروع رفتن و مرگ و نیستی است و اما آواز بر چرایی و چیستی حضور ما را در این جهان معنا می‌بخشد. لازم نیست فیلسوف باشیم یا فردی معتقد و یا دانشمندی بزرگ تا بتوانیم چرایی این زندگی را بفهمیم. خیلی‌ها در جهان هستی بدون هر گونه آگاهیی از چرایی بودن و چرخیدن و زاده شدن با شور و هیجانی وصف ناپذیر زندگی می کنند. در این بین انسان بی توجه به اینهمه شور و شادی و شهامت و خلاقیت، سعی می کند بفهمد!

این کتاب مجموعه‌ای از دلواپسی‌ها و آرزوهایی است که برای انسان امروز دارم. نگرانم از آرزوهایی که یکی بعد از دیگری از بین می‌روند و باورها و دلایلی خشک و دور از احساس و عاطفه جایشان را می‌گیرند. به همراه انسان‌هایی که درشهر نیس کشته یا زخمی شدند آرزوهای بسیاری پرپر شدند و شاید تا مدتها انسان‌های بسیاری نخواهند توانست شاد باشند، آواز بخوانند و برقصند.

شاید این کتاب جوابی باشد به چرایی این اتفاقات

به ماندگاری آواز و آرزو و شادی انسان‌هایی که رفتند کمک کند

و تسکینی باشد برای آنان که عزیزانشان را از دست داند.

باران

رئیس جمهور فرانسه در اولین سخنرانیش پس از فاجعه نیس خبر از تشدید حملات در عراق و روسیه می دهد_ هیچ کمکی به بهتر شدن حال ما انسان ها نمی کند. باید کاری کنیم که نفرت و کینه از لغت‌نامه‌ها حذف شوند، باید فاصله‌ها را کم کنیم. بیشتر خوشحال باشیم و برای شادی و ارامش و تحقق آرزوهای دیگر انسان‌ها تلاش کنیم. باید به طبیعت احترام بگذاریم. با جنگ و خونریزی و کشتار به کره زمین و ساکنانش - از شاپرک ها گرفته تا کودکانی که شاید روزی هنرمند و دانشمند و انسانی خوب و متعهد شوند – آسیب نرسانیم.

کودکی که در آغوش مادر خویش در شهر نیس می‌خندد و کودکی که در آغوش مادر نگرانش از رگبار گلوله فرار می کند، شاید هر دو آرزوهای مشترکی داشته باشند؛ همچون داشتن یک عروسک پینوکیو، داشتن یه کامیون اسباب‌بازی یا یه تفنگ آب پاش. باید یاد بگیریم که به این آرزوها احترام بگذاریم، نه اینکه بمبارانشان کنیم و کاری کنیم که این آرزوها به نفرت تبدیل شوند.

باید کاری کنیم که به واسطه همین آرزوها، انسان‌ها به یکدیگر نزدیک شوند، از یکدیگر بیاموزند، همدیگر را درک کنند و به زیبایی و خوبی جهان بیفزایند. اکنون مردمان بسیاری در سراسر جهان غمگینند، گریه می کنند و از فردای جهان نگرانند و شاید به حضور خدا و شایستگی انسان برای این زندگی دچار تردید شده اند. قابل درک است اما این اینها نمی تواند دلیل این باشد که نفرت را به دلهایمان راه دهیم. نباید این روزها و این اتفاقات را فراموش کنیم. باید به بازماندگان عشق بورزیم. باید بیشتر از قبل آواز بخوانیم و آرزو کنیم تا دلها را شاد و پر از خوبی کنیم.

باید بخوانیم.

حال چگونه است که در افکار و عقاید برخی از انسان ها - تاکید می کنم انسان‌ها – شادی جرم است، جرمی که به خاطرش باید بمیرند. چرا این فاجعه در یک پاسگاه پلیس و یا منطقه نظامی اتفاق نیفتاد؟ در طول تاریخ، شادی و سرزندگی انسان ها بارها مورد تجاوز و تعدی قرار گرفته است و از طرف مذاهب گوناگون مورد نقد و تهدید واقع شده است.

چرا نمی توان مسلمان بود و شاد زیست؟ به شادی دیگران احترام گذاشت و به دلیل ناتوانی خود در درک و شناخت آواز و آرزوها و تاثیری که بر خوبی و سعادت انسان‌ها دارد، آنرا محکوم به سکوت کرد. اینهمه افراط و سوء تعبیر از کلام خدایی که هر روز در ۱۷ رکعت نماز، بارها بر رحمت و بخشش خود تاکید می کند از کجا نشات می گیرد؟

آیا زمان آن نرسیده است که انسان قرن ۲۱ ام خود را از هر اندیشه و اعتقاد و تعصب و برداشت‌های مذهبی و سیاسی و فلسفی رها سازد و به آواز جهان هستی گوش سپارد؛ گوش بسپارد به خداوند، به یگانگی و یکدلی. احترام بگذارد به احساس و شور و هیجان. از خودخواهی خود کم کند و بر شادیش بیفزاید و به دور از هر تاویل و تفسیری، خنده و بوسه و چشمک دیگران را با آغوش باز بپذیرد. زندگی را تمام و کمال زندگی کند و تنها هدفش زیباتی و شادی جهان باشد. جهان و خانواده و فرزندانی پر از آواز و آرزو از خود به‌جا بگذارد. باید خود را از همه می دانم‌ها و چرایی آمدن و شدن و کجایی رفتن، از همه آنچه که گذشته می نامیمش رها سازیم و با ذهنی آزاد و روحی پر شور، زندگی و هستی و انسان ها و طبیعت را آنگونه که هستند بپذیریم.

جهان جایی برای رقابت نیست، مرزبندی‌های ما به بهتر فهمیدن زندگی هیچ کمکی نمی کنند. جنگ و بمب باران – وعده ای که

ماجرای کتاب

پدرم یک مسلمان است، انسانی که سعی کرده آزاد زندگی کند، کتاب بخواند و بی‌خیال خیلی چیزهای ساختار فکری و منش زندگی خود را آلوده نکند.

... پدرم از ماشین پیاده می‌شود و بی‌مقدمه می‌گوید یکی در شهر نیس فرانسه با کامیون مردمی که جشن گرفته بودند را زیر گرفته و کشته است. بهت و حیرت مرا فرا می گیرد. چشمانم پر از اشک می شوند و ناخودآگاه برای منی که آرزوی دیدن شهر نیس را دارم، خیابانی در نظرم مجسم می‌شود که تا دقایقی قبل مردمش شاد بودند و پر از انرژی و آرزو و ناگهان با ترس و ناباوری شروع به فرار می-کنند، داد می زنند و کشته می شوند ... مانع اشک‌ها و احساساتم می‌شوم تا بتوانم به نوشتن ادامه بدهم. از تصور و بازگویی احساستم به عقل پناه می‌برم تا شاید با ثبت اندیشه-هایی مردی که با وجود ندیدن فرانسه عاشق هنر و شهرسازی و فرهنگ آن است یادگار و تذکری برای انسان‌های فردا از خود به‌جا بگذارم.

انسان‌هایی با زبان و نژاد و عقاید و عادات و شغل و تحصیلات مختلف در نیس کشته شدند؛ تنها به جرم اینکه جشن گرفته بودند، شاد بودند و پر از آرزو. آنهمه تفاوت تنها به خاطر جشن و شادی در کنار یکدیگر گرد آمده بودند. کسی از بغل دستی خود نمی‌پرسید چه مذهبی دارد و یا حتی با چه انگیزه‌ای اینجاست. شادی و انرژی انسان‌ها را به یکدیگر پیوند می‌دهد و بودن در کنار یکدیگر را آسانتر و حتی زیباتر می‌کند.

آیا در جهان تصویری زیباتر از لبخند و شور و شادی می‌توان یافت؟

سرزمین آواز و سکوت، سومین کتاب علی خیابانیان در زمینه ادبیات است. همچون دو کتاب قبلی در کنار اشعار و نوشته‌ها، نقاشی و طرح‌هایی از ایشان بر غنای کلمات افزوده‌اند.

علی خیابانیان فعالیت خود را در زمینه شعر از دوران دبیرستان با اشعاری در قالب کلاسیک آغاز کرد. پس از ورود به رشته معماری و آشنایی بیشتر با انواع سبک‌های هنری و گرایش‌های فلسفی به شعر نو و بعدها شعر سپید روی آورد. اولین کتاب شعر ایشان "سایه‌ها می‌رقصند" در سال 1382 به چاپ رسید؛ این حرکت آغازی بود در عرصه نویسندگی ایشان. سال بعد همکاری خود را با روزنامه همشهر، ماهنامه صنعت ساختمان داریس و خبرگزای آرونا در زمینه هنر، معماری و شهرسازی آغاز نمود.

از نقاط عطف فعالیت مطبوعاتی ایشان عضویت درگروه نشر و هیات تحریریه هفته نامه نقش نو (اولین هفته نامه معماری و شهرسازی ایران) بین سالهای 1384 تا 1386 است.

دومین کتاب شعر ایشان در سال 1387 با نام لیلی و مرد باران منتشر شد و سال بعد اولین کتاب معماری ایشان با نام خلاقیت در فرایند طراحی معماری منتشر شد؛ شروعی که به سبب استقبال مخاطبین عرصه معماری به انتشار شماره‌های 2 و 3 از مجموعه فرآیند های طراحی معماری انجامید.

وی در کنار تدریس معماری در دانشگاه و فعالیت در زمینه شعر و ادبیات، تاکنون چندین نمایشگاه گروهی و انفرادی در زمینه نقاشی و معماری در شهرهای تبریز و تهران برگزار کرده است. در سال‌های ۲۰۱٤ و ۲۰۱۵ سه کتاب از ایشان با آثاری از دانشجویان دانشگاه آزاد تبریز توسط انتشارات "Supreme Century" در آمریکا منتشر شد.

گرچه سکوتی سخت حمکفرماست

اما آوازهای بسیاری منتظر سروده شدنند

عنوان: سرزمین آواز و سکوت
نویسنده: علی خیابانیان
ناشر: سوپریم آرت : هنر برتر (آمریکا)
شابک: ۹۷۸۱۹۴۲۹۱۲۲۰۰

کلیه حقوق مادی و معنوی اثر برای نویسنده محفوظ است

سرزمین آواز و سکوت

علی خیابانیان
(باران)

www.ingramcontent.com/pod-product-compliance
Lightning Source LLC
Chambersburg PA
CBHW071702040426
42446CB00011B/1882
* 9 7 8 1 9 4 2 9 1 2 2 0 0 *